LES LOIS ROUMAINES DE RÉFORME AGRAIRE

DEVANT LE

TRIBUNAL ARBITRAL MIXTE ROUMANO-HONGROIS

QUELQUES TYPES D'AFFAIRES

Mémoires déposés par les différentes parties en cause relativement à l'exception d'incompétence soulevée par l'État roumain

LES LOIS ROUMAINES DE RÉFORME AGRAIRE

DEVANT LE

TRIBUNAL ARBITRAL MIXTE ROUMANO-HONGROIS

QUELQUES TYPES D'AFFAIRES

Mémoires déposés par les différentes parties en cause
relativement à l'exception d'incompétence soulevée par l'État roumain

I

DIFFÉRENTS TYPES

DES

REQUÊTES

des ressortissants hongrois

Au

Tribunal arbitral mixte hungaro-roumain

Paris.[(1)]

REQUETE[(2)]

du

ressortissant hongrois (*), *Mme veuve la baronne Georges Sztojanovits, agissant en son propre nom et comme tutrice de ses filles mineures, Véronique et Georgine*, demeurant à *Vienne, III. Strohgasse, 22, réfugiées chez sa mère, respectivement leur grand'mère*, représenté par *les agents du Gouvernement hongrois*,

contre

L'ÉTAT ROUMAIN

Le requérant se réclame du bénéfice de l'assistance judiciaire, en vertu de l'article 78 du Règlement de Procédure du Tribunal, à raison de son état d'indigence, dû précisément à la saisie et à l'enlèvement de ses biens immobiliers par l'Etat roumain, dont il fait l'objet de sa plainte, comme il suit.

EN FAIT :

La requérante était usufruitière et ses deux fillettes propriétaires d'un immeuble rural, hérité de son mari, respectivement de leur père, jeune officier de cavalerie, prématurément décédé le 6 septembre 1921, à la suite des fatigues de guerre, laissant, outre une jeune veuve, deux orphelines de bas âge, auxquelles il ne pouvait léguer, hors un nom recouvert d'honneur, que précisément le petit immeuble en cause, faible gage en lui-même, pour les orphelines, d'une éducation digne de leur nom.

L'immeuble est situé à Germán (Cherman), près la commune Della au Comitat Temes, en Roumanie, inscrit dans les livres fonciers respectifs sous les N^os^ *251 et 78*, ayant une étendue totale d'environ *229* jugars cadastraux (un jugar cadastral = 0.5754 hectare), et une valeur approximative de *200.000* anciennes couronnes austro-hongroises or ; le tout sis dans les territoires ayant fait partie de la Hongrie, respectivement de la Monarchie Austro-Hongroise, mais ayant été transférés aux termes du Traité de Paix de Trianon à l'Etat Roumain.

Le nouveau maître, à peine l'extension de sa souveraineté sur ces territoires réalisée, frappa, entre d'autres, l'immeuble susindiqué du requérant de toute une série de mesures restrictives de son droit de propriété.

Tout d'abord, il lui imposa, *dès novembre 1920*, une espèce d'**administration forcée,** en tant qu'il a partagé *198 jugars cadastraux de* l'immeuble en des parcelles provisoires et les donna à des tiers à bail, dit « bail forcé » ; les fermages furent payés — si toutefois ils furent — à une caisse publique. C'est une **mesure exceptionnelle,** prévue dans le Traité de Paix de Trianon à l'article 232, Annexe § 3.

Plus tard, l'immeuble en question fut frappé d'une **saisie** formelle, en tant qu'une formule générale fut inscrite dans les livres fonciers, défendant au requérant de disposer librement de son immeuble et surtout de l'aliéner ou grever de quelque façon que ce soit. C'est aussi une **mesure exceptionnelle** aux termes du Traité de Paix de Trianon, article 232, Annexe § 3.

En 1921, il fut porté une loi, apparemment d'un caractère général, qui fut intitulée : « Loi agraire, ayant vigueur dans la Transylvanie, le Banat, dans les régions de la Crisana et du Maramures. » Elle est publiée à l'Officiel (Monitorul Oficial) dans son 93e numéro, paru le 30 juillet 1921.

Cette loi contient, entre autres, à son article 6, § c), la disposition suivante : « Seront expropriées en leur totalité les propriétés rurales des absents . . . Au sens de cette loi, l'absent est quiconque était absent de la patrie depuis le 1er décembre 1918 jusqu'au jour de la déposition de cette loi au bureau du Parlement sans qu'il ait eu une mission officielle à l'étranger. Les propriétés rurales d'une étendue jusqu'à 50 jugars font exception. »

(*) Les requérantes étant des dames, les termes du texte ayant trait à elles doivent être mis à la lecture au pluriel et en leur forme féminine.

---

(1) En tant que les documents ci-après reproduits, autrement semblables, divergent l'un de l'autre, les parties divergentes sont imprimées en italique.

(2) Déposée au Secrétariat du Tribunal, le 29 décembre 1923.

Il est intéressant que le jour de la déposition de la loi est le 23 mars 1921, date antérieure à celle de l'entrée en vigueur du Traité de Paix de Trianon, qui est le 26 juillet 1921, mais postérieure à la période, pendant laquelle la question du séjour est décisive. La loi a donc, sous un double rapport, effet rétroactif.

Par surcroît, à cette courte période, choisie pour construire ce soi-disant absentéisme, nombre de Hongrois, décidés de maintenir leur nationalité hongroise même au cas d'une annexion de ces territoires par la Roumanie, étaient réellement absents de ces territoires qui étaient en effet leur « patrie », mais pas encore celle des Roumains, comme le texte de la loi rétroactive le ferait croire. Car cette période coïncide merveilleusement avec l'occupation soudaine de ces territoires par les troupes roumaines après la conclusion du traité d'armistice (le 3, respectivement le 13 novembre 1918), occupation hostile, devant laquelle des masses de Hongrois étaient en fuite.

Nombre d'autres dispositions de cette loi agraire sont pareilles à celle-ci ou presque.

Ainsi par exemple, les paragraphes a) *et* b) *de l'article 8 prescrivent que les terres affermées « pendant au moins dix années économiques entre 1904 et 1918 » ou bien « tous les biens affermés* le 1er mai 1921 », *s'ils dépassent une étendue minime fixée à la loi, seront expropriés en leur totalité. Comme on voit, il suffit, aux termes de la loi, pour être exproprié que l'immeuble se trouve affermé au jour même du 1er mai 1921, suivant immédiatement la déposition et antérieur même à l'entrée en vigueur de la loi. L'autre disposition de la loi est appliquée en pratique dans le sens, qu'il suffit que n'importe quand et n'importe pour quelle durée pendant les dix années critiques, l'immeuble ait été donné à bail. Cette pratique est contraire même à la loi et en même temps caractéristique pour l'esprit dans lequel elle est exécutée en général.*

D'abord, les autorités compétentes essayèrent d'appliquer les dispositions de l'article 8 à l'immeuble en question. Il fut prétexté que l'immeuble était donné à bail durant plus de dix années, S'il l'a été, en effet, il ne l'était pas par les requérantes, pas même par leur prédécesseur immédiat, feu le baron Georges Szlojanovits, mais par une tante de celui-ci, dont l'usufruit grevait alors sur l'immeuble. Et même s'il avait été feu le baron Georges Szlojanovits en personne le donneur à bail, il serait étrange de vouloir l'en punir, lui qui, étant officier et changeant tout le temps de garnison, n'aurait pu d'aucune façon administrer ses terres en personne pendant les temps de son service.

Aussi cette base « juridique » de l'expropriation fut-elle abandonnée par la seconde instance. Cependant cette instance et surtout celle-ci, voulait prendre à tout prix l'immeuble aux requérantes qui ont maintenu leur nationalité hongroise. Elle allégua donc l'autre base « juridique », à savoir « l'absentéisme ». Cette base est très commode ; au moins le Ministère de l'Agriculture de la Roumanie a pris soin de la rendre telle par son Ordonnance confidentielle N° 16126/R. A. du 14 août 1922, dont il résulte que la période critique pour l'absence fixée à l'article 6, § c) *de la loi, ne doit pas être comptée en toute sa durée, mais qu'il suffit pour prouver l'absence, que la personne en question ne s'était pas trouvée dans le pays pendant tout le temps déterminé par la loi, c'est-à-dire l'absence même pour une journée. Traduction française de cette Ordonnance est ci-jointe.* (Annexe 1.)

Chacun des paragraphes de cette Ordonnance contient en cette matière une aggravation des dispositions déjà très graves de la loi. Et cette Ordonnance n'est pas la seule de son genre, elle a encore ses deux sœurs : son aînée, N° 15112, du 29 juillet 1922, (Annexe 2), *et sa cadette, N° 16451, du 21 août 1922* (Annexe 3), *toute aussi malveillante que l'autre, toutes les trois véritables « Sœurs filandières » pour les pauvres soi-disant « absents » hongrois. Car évidemment ce sont eux qu'elles visent.*

Sans doute, c'est dans l'esprit de ces Ordonnances que la seconde instance d'expropriation trouva que pendant la période critique le défunt « a bien habité à Temesvar, **mais non pas d'une manière permanente** *», et prit, à ce titre, l'immeuble en sa totalité à sa veuve et à ses orphelines, sans leur laisser rien. L'absentéisme comme titre d'expropriation est une punition, la punition d'une contravention aux intérêts de la production nationale par le séjour lointain, volontaire et permanent, des lieux de la production. Soit. Mais, est-ce que l'on a le droit de punir aussi des irresponsables pour les faits d'un tiers, qui, par comble, lui-même n'était pas « absent », non seulement comme une science sincère d'économie nationale l'entend, mais pas même comme le texte de la loi le définit.*

Même dans le cas de l'absentéisme, 50 jugars cadastraux auraient dû être laissés aux propriétaires, aux termes des dispositions qui se trouvent à la fin de l'article 6, § c) *de la loi. Mais, une des trois Ordonnances susmentionnées, précisément celle du 14 août 1922, N° 16126, entre encore en scène. C'est elle qui change encore même ici la loi au préjudice des « absents » hongrois, en érigeant en règle l'interprétation que la disposition en question ne s'applique qu'aux immeubles plus petits de 50 jugars, tandis que les plus grands doivent être expropriés en leur totalité, elle ajoute même : « de façon qu'il n'en reste rien au propriétaire ».*

La loi devrait être là plutôt pour protéger les veuves et les orphelines, et non pas pour les rendre des mendiantes, d'un jour à l'autre, sous le prétexte que le mari, qui s'en alla trop tôt, était « absent », véritablement parce que cette veuve et ces orphelines sont des Hongroises.

L'Etat Roumain enlève à des mineures hongroises leurs uniques ressources, pour les donner à des majeurs roumains, tout simplement parce qu'ils sont avides de terres. C'est une véritable mesure de guerre, habilement — et pas même habilement — cachée sous les aspects extérieurs d'une réforme générale, d'un caractère économique et social !

Il y a des manières ! Et surtout pour un Etat souverain qui est souverain aussi en créant à son gré les formes extérieures dans lesquelles ses actions et ses tendances se présentent. Aux juges de scruter et démasquer la véritable tendance !

La décision de la seconde instance est également jointe (Annexe 4).

Depuis lors, à la place du requérant, l'Etat Roumain fut inscrit comme propriétaire dudit immeuble dans les livres fonciers. Cette transcription signifie pour le requérant, selon le système foncier encore en vigueur dans les anciens territoires hongrois, la perte totale de son droit de propriété sur ledit immeuble. Elle est une **« mesure de disposition »** aux termes du Traité de Paix de Trianon, article 232, Annexe § 3.

En échange, une indemnité est promise au requérant en vertu de dispositions assez compliquées de la même loi agraire qui payée en bons sur l'Etat, espèce d'un emprunt forcé, tout compte fait, atteint à peine « un » pour cent de la valeur réelle de la propriété enlevée. Soit dit à part, même cette somme minuscule — ironie d'une indemnité — ne fut encore payée au requérant.

Il est vrai que l'Etat Roumain non plus n'a pas encore distribué et donné en propriété à des tiers l'immeuble en question. Il n'y a donc pas encore des « faits accomplis » ! On peut arrêter l'avalanche du bolchevisme agraire que la Roumanie a importée de ses anciens territoires à travers les crêtes des Carpathes dans les paisibles contrées détachées de l'ancien royaume de Hongrie où des choses pareilles n'étaient jamais connues. Il n'y a pas à dire, c'est une étrange manière que de vouloir arrêter le bolchevisme — comme la Roumanie le prétend et y met son point d'honneur — en faisant elle-même le bolchevisme sur une grande échelle. Il est la vingt-quatrième heure ! Que l'Europe s'en aperçoive et se ressaisisse !

De fait et de droit, il ne reste plus rien au requérant de son immeuble.

Et il est incertain, si l'état de choses ne se trouvera pas empiré encore pour le requérant à l'avenir, même d'ici jusqu'au moment de l'entrée de sa requête au Secrétariat du Tribunal, vu que les procédés de dépossession poursuivis par l'Etat Roumain dans les cadres de sa soi-disant réforme agraire continuent leurs cours, *et il est probable que la distribution définitive des terres en propriété aux soi-disant « ayants-droit » prendra bientôt son commencement.*

Par surplus, même la nouvelle Constitution du Royaume de Roumanie, promulguée le 29 mars 1923, dans le N° 282 du Monitorul Oficial, contient à son article 18 une nouvelle menace à la propriété immobilière des étrangers sous la forme de la disposition suivante : « A n'importe quel titre, seuls les Roumains peuvent acquérir et **peuvent conserver** en Roumanie des biens ruraux. Les étrangers n'auront droit qu'à une indemnité ». Inutile de dire que cette indemnité sera dérisoire, si elle est calculée de la manière adoptée par la loi agraire. Du reste, l'indemnité, si équitable qu'elle soit, n'est pas identique à la propriété en nature. En tout cas, c'est une menace par voie législative d'une autre **« mesure de disposition »** à appliquer à l'avenir.

Voici les faits principaux.

Réserve est faite de les compléter, développer, éventuellement rectifier dans les détails, et de les prouver en cas de contestation par le défendeur.

Sur ce dernier point, le requérant se permet d'aviser d'ores et déjà le Tribunal que probablement il ne sera pas toujours en état de fournir lui-même les preuves qui seraient désirables, puisque celles-ci se trouvent pour une grande partie non seulement à des distances inabordables pour le requérant vu son émigration *des contrées où l'immeuble se trouve*, mais aussi et surtout puisqu'elles se trouvent sous les dispositions du défendeur.

En général, le requérant doit remarquer que — vu d'une part l'éloignement des lieux où les faits se passent, et d'autre part la variation des faits due à la circonstance que la réforme agraire de la Roumanie se trouve en voie de réalisation ou mieux dit en effervescence, et les différentes instances annulent et réforment souvent leurs décisions, dont une partie reste quelquefois même sans exécution, tandis que les autres fois l'exécution avance et surpasse même les décisions — l'établissement exact des faits et leur preuve présenteront plus d'une fois quelques difficultés, mais point insurmontables avec l'aide et assistance du Tribunal.

EN DROIT :

Le requérant a l'honneur d'attirer l'attention du Tribunal sur l'article 250 du Traité de Paix de Trianon qui contient en toute lettre la disposition suivante : **« les biens, droits et intérêts des ressortissants hongrois ou des sociétés contrôlées par eux, situées sur les territoires de l'ancienne monarchie austro-hongroise, ne seront pas sujets à saisie ou liquidation ».**

Il contient en outre : **« Ces biens, droits et intérêts seront restitués aux ayants-droit, libérés de toute mesure de ce genre ou de toute autre mesure de disposition, d'administration forcée ou de séquestre prises depuis le 3 novembre 1918 jusqu'à la mise en vigueur du présent Traité ».**

Il ordonne même qu' : **« Ils seront restitués dans l'état où ils se trouvaient avant l'application des mesures en question ».**

Et son alinéa 3 porte que : **« Les réclamations qui pourraient être introduites par les ressortissants hongrois en vertu du présent article seront soumises au Tribunal arbitral mixte prévu à l'article 239 ».**

Ce Tribunal arbitral mixte est celui auquel le requérant a l'honneur de s'adresser.

Mais aussi les autres stipulations de cet article 250 ne sont que trop claires. Elles n'ont point besoin de longs commentaires.

Il est certain qu'elles veulent garantir expressément aux ressortissants hongrois le respect de leurs biens, droits et intérêts restés sur les territoires transférés. Leur but est de ménager, au possible, la situation économique privée des anciens ressortissants du Royaume de Hongrie, respectivement des Etats de la Monarchie Austro-Hongroise dissoute, même de ceux, ou précisément de ceux dont les biens restent désormais en dehors des frontières de leur patrie.

De là les droits expressément garantis par les Traités. Des dispositions analogues se trouvent à l'article 63, alinéa 4 du Traité de Paix de Trianon, de même qu'aux articles 267 et 78, alinéa 4 du Traité de Saint-Germain-en-Laye, conclu avec l'Autriche, également démembrée.

Au fond, ces droits ne diffèrent guère des droits que les principes généraux du Droit public international, reconnus jusqu'ici à l'unanimité entre États civilisés, confèrent à tous les étrangers en matière de propriété privée. Et s'ils en diffèrent tout de même dans les détails, ou bien si ces principes, hors discussion autrefois, se trouvent ternis depuis des temps tout récents, il suffit à l'existence de ces droits en l'espèce — à leur existence indubitable malgré tout — **qu'ils sont garantis en faveur de leurs bénéficiaires expressément dans les Traités, et qu'ils ont leurs bonnes raisons d'existence.**

PAR CES MOTIFS :

Le requérant à l'honneur de conclure et demander qu'il plaise au Tribunal :

1. Dire et déclarer que les mesures restrictives du droit de propriété, appliquées à l'immeuble du requérant par l'État Roumain — par son pouvoir législatif, judiciaire ou administratif, n'importe — sont contraires aux stipulations de l'article 250 du Traité de Paix de Trianon, et par conséquent elles les violent.

2. Condamner, dès lors, l'État Roumain à restituer au requérant l'immeuble en question, libre de toutes mesures restrictives du droit de propriété ayant caractère confiscatoire ou spoliateur, dans l'état où il se trouvait avant l'application de telles mesures ; rétablir l'état antérieur aussi dans les livres fonciers.

3. Condamner, en outre, l'État Roumain à payer indemnité complète au requérant pour les détériorations et la privation de jouissance de l'immeuble durant sa soustraction, de même que pour les frais et débours encourus par le requérant par suite des mesures indûment appliquées.

4. Subsidiairement, pour le cas où il serait prouvé péremptoirement au procès que l'immeuble ou quelques-unes de ses parties, respectivement quelques-uns de ses accessoires ne peuvent être restitués par impossibilité, condamner l'État Roumain à payer également indemnité complète au requérant pour les objets faisant défaut.

5. Etablir toutes les fois le montant des indemnités **ex æquo et bono,** prenant en considération toutes les circonstances de l'espèce ; et en tout cas jusqu'à concurrence des sommes qui seront justifiées au cours du procès.

6. En tout état de cause, condamner l'État Roumain en tous frais et dépens tant de la présente instance que de toutes autres qui auraient été ou qui seraient imposées au requérant par suite des mesures en question prises par lui contre l'immeuble.

7. Vu le péril en la demeure, faire usage de son droit assuré à l'article 29 de son Règlement de Procédure au sujet des mesures conservatoires, et engager l'État Roumain de surseoir sans délai à l'exécution de toutes mesures restrictives concernant l'immeuble en cause.

Budapest, le 13 décembre 1923.

(Signé) *Veuve baronne Georges Szlojanovits, née Hélène Zechany de Racovizza aussi en tant que tutrice de ses filles mineures, les baronnes Véronique et Georgine Szlojanovits.*

Vu par le soussigné agent du Gouvernement hongrois, qui par sa signature confirme la nationalité hongroise et l'état d'indigence du requérant, et accepte sa représentation au procès.

(Signé) L. GAJZÁGÓ.

ANNEXES

I

TRADUCTION FRANÇAISE

Ministère de l'Agriculture
du Royaume de Roumanie.
Direction Générale de Cluj.
No 16126 R. A.

14 août 1922.

A Monsieur le Président de la Commission d'Expropriation.

Monsieur le Président,

Nous venons d'être informés que le paragraphe *c*) de l'article 6 de la loi concernant les absents, donne lieu à de différentes interprétations par les commissions respectives, ce qui nous a déterminé à Vous demander, conformément à notre circulaire N° 15112/1922, de bien vouloir en cas pareils prendre pour ligne de conduite les instructions suivantes.

I.

Le paragraphe *c*) de l'article 6 de la loi énonce qu'au sens de la loi sera considéré absent tout propriétaire qui depuis le 1er décembre 1918 jusqu'à la déposition de la loi s'était trouvé hors du pays, sauf le cas où il était chargé d'une mission officielle à l'étranger.

En d'autres termes, pour que le propriétaire ne soit pas considéré comme absent et ne soit pas soumis à la mesure de l'expropriation totale, il faut qu'il ait demeuré constamment dans le pays durant tout le temps dès le 1er décembre 1918 jusqu'au 23 mars 1921, jour de la déposition de la loi.

La loi ne faisant aucune distinction de la nationalité des propriétaires il va sans dire qu'il est indifférent qu'ils soient citoyens roumains ou étrangers ; par conséquent vous ne pouvez pas non plus appliquer la loi de manières différentes.

Vu que la loi exige la résidence constante dans le pays durant l'espace de temps susmentionné, vous ne pourrez accepter aucune pièce, ayant pour but de prouver que le propriétaire, même s'il ne s'est pas trouvé pendant tout le temps dans le pays, il y aurait passé au moins une partie.

Le cas seul fait exception où le propriétaire a été chargé d'une mission officielle à l'étranger, pourvu qu'il soit en mesure de prouver qu'il y était envoyé par le Gouvernement.

II.

De même on ne peut pas faire une différence entre les propriétaires majeurs et mineurs, vu que le paragraphe *c*)de l'article 6 ne le prescrit pas.

Lorsque le législateur voulait favoriser les mineurs par les dispositions de l'article 7, il l'exprimait en des termes catégoriques, cependant le paragraphe *c*) de l'article 6 ne contient pas telle exception.

III.

Certaines commissions avaient demandé des instructions quant à l'application du dernier alinéa de l'article 6.

Le sens de cet alinéa est qu'il ne sera pas exproprié un bien immeuble d'une étendue moindre de 50 jugars, même si le propriétaire est absent. Cependant, il ne s'ensuit pas que dans le cas où la propriété dépasse 50 jugars, elle ne pourrait pas être expropriée en sa totalité, mais que 50 jugars devraient être conservés pour le propriétaire. Au contraire, la loi entend que les immeubles qui dépassent 50 jugars, pourront être expropriés en leur totalité, de façon qu'il n'en reste rien au propriétaire.

IV.

Finalement, nous étions interrogés sur ce que nous entendons par le « terrain rural » des propriétaires absents, passible d'une expropriation totale en vertu du paragraphe *c*) de l'article 6.

Comme nous l'avons indiqué dans la circulaire N° 15112-1922, il faut comprendre par la désignation de « terrain rural » toute terre, qu'il s'agisse de champs, pâturages, prairies, vignes, prés, forêts, etc., brièvement tout, excepté les bâtiments avec alentours et jardins. Ils peuvent être expropriés, mais ne doivent l'être que lorsque l'État le jugera nécessaire dans un but d'intérêt public, économique, social, industriel ou d'instruction générale, dans quel cas il demandera par la voie de ses représentants que les bâtiments se trouvant sur la propriété soient expropriés aussi en partie ou totalement.

Signé :

Alexandre Constantinesco,
Ministre.

Signé :

Emil Petrini,
Directeur général.

II

TRADUCTION FRANÇAISE

Ministère de l'Agriculture
et des Domaines.
Direction Générale de Cluj.
No 15112 R. A.

29 juillet 1922.

A Monsieur le Président de la Commission d'Expropriation.

Monsieur le Président,

Conformément aux dispositions de l'article 138 de la loi concernant la réforme agraire en Transylvanie, le Banat, la Contrée de la Crisana et du Maramures, et pour donner des renseignements relatifs aux questions que certaines commissions avaient posées au sujet de l'expropriation de la propriété des absents et du procédé à suivre dans les cas où le droit de propriété et le droit d'usage appartiennent à des personnes différentes, j'ai l'honneur de Vous faire parvenir les instructions suivantes.

Les propriétés passibles d'expropriation appartenant aux personnes qui sont absentes du pays depuis le 1er décembre 1918 jusqu'au 23 mars 1921, date de la déposition de la loi susdésignée, sans avoir été chargées d'une mission officielle, devront être considérées, sans égard à la nationalité ou au domicile actuel du propriétaire, comme propriétés appartenant à des absents, par conséquent toutes ces propriétés, en tant qu'elles dépassent 50 jugars, seront entièrement expropriées comme terres rurales en vertu de l'article 6, alinéa *c*) de la loi.

Sont entendus par terrain rural toutes les terres, qu'il s'agisse de terre arable, pâturage, prairie, vigne, pré, forêt, etc., brièvement tout, excepté les bâtiments, jardins et les enclos.

Par conséquent, il ne faut pas tenir compte des demandes d'exception des absents qui prétendent ne pas avoir été ou ne plus être actuellement citoyens roumains, attendu que la loi considère absent le propriétaire, en raison de son absence pendant un temps déterminé sans se préoccuper de sa nationalité.

D'ailleurs, le législateur ne pouvait pas faire autrement que de traiter les propriétaires étrangers sur le même pied que les propriétaires roumains, ne pouvant pas favoriser les uns plus que les autres.

Ne seront pas considérés comme absentes les personnes morales ayant leur siège hors des frontières, vu que l'alinéa *c*) de l'article 6, ne dispose que des personnes physiques.

Néanmoins les propriétés de ces personnes seront expropriées entièrement conformément à l'alinéa *a*) de l'article 6, qui indique expressément les exceptions à faire de cette expropriation.

De même, on nous a signalé des cas où le droit de propriété appartient à des personnes morales ou physiques différentes de celles qui en ont le droit de jouissance en vertu de l'usufruit, de servitudes, de bail emphytéotique ou d'autres causes.

Dans des cas semblables, lorsque l'État jugera nécessaire que l'expropriation s'effectue, il faudra procéder à l'expropriation de la nue-propriété, c'est-à-dire du droit du propriétaire, ainsi que de l'usufruit, à n'importe quel titre, et le montant du dédommagement sera ensuite réparti entre le propriétaire et le bénéficiaire de l'usufruit.

Signé :
CONSTANTINESCO,
Ministre.

Signé :
PETRINI,
Directeur.

III

TRADUCTION FRANÇAISE

Ministère de l'Agriculture
et des Domaines.
Direction Générale de Cluj.
No 16451. R. A.

21 août 1922.

A Monsieur le Président de la Commission d'Expropriation.

Monsieur le Président,

Nous avons appris que dans certains cas les propriétaires absents ont eu recours, dans le but d'éluder la loi et d'échapper à l'expropriation complète, à des différents moyens, ainsi par exemple à la constitution de sociétés de formes différentes, composées souvent des héritiers des propriétaires. Il y a des cas où ils se sont associés avec des étrangers, ou bien la société anonyme n'a été formée que par des étrangers.

Je suis obligé de vous informer que ces sociétés n'ont été constituées que dans le but de soustraire le propriétaire absent à la mesure de l'expropriation totale à laquelle sont soumis en conformité des circulaires Nos 15112 et 16126/922, les champs, pâturages, prairies, vignobles, bois, forêts, etc...

Mais en tant qu'elles sont des personnes morales, leurs biens doivent être expropriés suivant le paragraphe *a*) de l'article 6.

En tenant compte de ce qui précède, les sociétés susmentionnées ne seront reconnues d'aucune manière comme valablement constituées, n'importe où et quand elles aient été formées, et la propriété sera considérée comme appartenant à celui qui figurait comme propriétaire sur les registres fonciers à la date du 1er décembre 1918.

Dans le cas où le propriétaire respectif n'habitait pas le territoire de l'État de manière permanente du 1er décembre 1918 au 23 mars 1921, c'est-à-dire jusqu'au jour de la déposition de la loi, il devra être considéré comme absent et sa propriété sera expropriée.

En conséquence de ce principe, toutes les aliénations effectuées par ces sociétés ou toutes autres sortes de formations, touchant soit la totalité, soit des parcelles de la propriété qui appartenait à une personne physique le 1er décembre 1918, seront considérées comme nulles et non-avenues, étant donné que le sort juridique des propriétés est déterminé par la loi d'après l'état du 1er décembre 1918 et que tous les essais ayant pour but d'éluder cette loi ne sont pas valables.

Signé :
ALEXANDRE CONSTANTINESCO,
Ministre.

Signé :
E. PETRINI,
Directeur général.

IV

Royaume de Roumanie
Commission départementale d'expropriation et d'attribution des lots de Timis Torontal
Arrêt : No 382/1922

Audience publique du 12 juin 1923.

Président : M. Ernest C. Aslan, Conseiller à la Cour d'Appel, Président de la Commission.
M. S. Stoicescu, Conseiller agricole, M. F. Căta, secrétaire de la Commission, membres.

A l'ordre du jour : jugement des appels interjetés par Gh. Sztojanovits et M. le Conseiller agricole contre le jugement No 6/921 rendu par la Commission d'arrondissement pour l'expropriation et l'attribution des lots de Detta, concernant l'expropriation du domaine de Gh. Sztojanovits situé sur le territoire de la commune Gherman.

A l'appel nominal se présentent Me Schimmerling représentant le propriétaire sur base de la procuration versée au dossier, et le délégué George Berlovan représentant les intéressés.

Les actes de procédure sont accomplis et les appels introduits dans le délai légal.

On donne lecture à la pétition d'appel, au jugement attaqué par appel et aux autres pièces du dossier.

Me Schimmerling pour le propriétaire, prenant la parole, demande à la Commission de réformer le jugement de la Commission d'arrondissement, et l'exemption d'expropriation du domaine entier. Il soutient que, conformément aux certificats délivrés par la Mairie et la police de la ville de Temesvár, le propriétaire n'a pas été absent du pays dans l'intervalle prévu par l'article 6 littéra *c*) de la loi et par conséquent il ne saurait être considéré comme absentéiste. Il soutient également que l'article 8 littéra *a*) n'est pas applicable dans l'espèce, attendu que Sztojanovits était seulement propriétaire, l'usufruit appartenant à une tante du nommé Sztojanovits depuis 1902 et jusqu'à 1918, laquelle a loué à ferme le domaine. Il est évident que le nu-propriétaire qui n'a pas l'administration du domaine ne saurait être tenu responsable des actes d'administration faits par l'usufruitier et ne saurait en subir les conséquences ; partant, l'article 8 littéra *a*) n'est pas applicable. Attendu ensuite que le domaine est situé dans une région de plaine et que les demandes d'attribution des lots sont de catégorie moyenne selon l'article 8 littéra *c*) et qu'enfin le domaine est de surface inférieure à 300 jougs (jugura), il doit être exempté d'expropriation.

Les délégués des intéressés demandent l'application de la loi.

La Commission :

Sur les présents appels,

Considérant les conclusions orales posées par les parties, les motifs invoqués dans les pétitions d'appel et les pièces du dossier.

Attendu que la Commission d'arrondissement pour l'expropriation et l'attribution des lots de Detta, par son jugement attaqué par l'appel, a exproprié en faveur de l'Etat 146 jougs de surface du domaine appartenant à George Sztojanovits, d'une surface totale de 228.137 jougs, situé dans les limites de la commune Gherman, en réservant le reste à l'ancien propriétaire ;

Considérant que le jugement est fondé sur les dispositions de l'article 8 alinéa *a*) de la loi, puisqu'il est établi par la déclaration du représentant du propriétaire que le domaine a été loué à ferme pendant plus de dix ans agricoles entre 1904 et 1918 ;

Ayant vu qu'on constate des extraits du cadastre portant les Nos 78 et 251 de la commune Gherman, que le domaine de 228,137 jougs d'étendue appartient à George Sztojanovits qui l'a acquis avant le 1er août 1914 ; attendu qu'il résulte de l'extrait d'acte de décès No 171/922 que le propriétaire est mort à Budapest, le 6 novembre 1921, donc après la promulgation de la loi ;

Considérant qu'en conformité de l'article 4 de la loi et du règlement, les successions ouvertes après la promulgation de la loi ne seront pas prises en considération et qu'il importe par conséquent d'examiner la situation juridique du 1er décembre 1918 à laquelle date George Sztojanovits était propriétaire du domaine en question.

Attendu qu'à l'audience du 11 décembre 1922 le mandataire des héritiers Sztojanovits, pour prouver que celui-ci n'était pas absentéiste, a présenté un certificat délivré par le Commissaire de la 4e Circonscription de police de Temesvár, par lequel il est affirmé que George Sztojanovits a habité la ville de Temesvár depuis le 1er décembre 1918 avec plusieurs interruptions jusqu'à la fin de l'année 1920, lorsque étant malade il est parti pour Budapest pour s'y faire opérer ;

Que la Commission trouvant ce certificat insuffisant pour établir que Sztojanovits a habité effectivement Temesvár à l'époque prévue par l'article 6 littéra *c*) a obligé par son jugement rendu dans la même audience, le représentant des héritiers, de produire un certificat émanant de la Mairie de Temesvár par lequel il soit constaté exactement combien de temps Sztojanovits a habité Temesvár et combien de temps il en était absent ;

Considérant que par le certificat N° 3807/923 délivré par la Mairie de Temesvár on ne fait que reproduire toutes les affirmations contenues dans le certificat délivré par la police sans éclaircir les points soulevés par ledit jugement ;

Ayant en vue qu'en premier lieu il résulte de ces certificats qu'à la fin de l'année 1920 Sztojanovits était absent du pays puisqu'il était parti pour Budapest ;

Qu'en ce qui concerne le temps passé à Temesvár les deux certificats démontrent que Sztojanovits y a demeuré avec plusieurs interruptions ;

Que par conséquent son séjour dans cette ville était intermittent, c'est-à-dire qu'il manquait d'un caractère de permanence ;

Ayant en vue que l'allégation vague contenue dans les certificats que Sztojanovits a habité Temesvár, ne saurait constituer une preuve complète, puisqu'elle ne s'appuie sur aucun autre élément, tel que le domicile, la résidence, ni sur d'autres actes qui établissent d'une manière indubitable son séjour à Temesvár ;

Que dans cette situation il résulte de ce qui précède que le nommé Sztojanovits a été absent de Temesvár une partie du délai prévu par l'article 6 littéra *a*) de la loi, puisqu'il est parti pour Budapest, et quant à l'autre partie du délai, il résulte également qu'il a habité Temesvár, mais non pas d'une manière permanente ;

Ayant en vue que par l'article 6 littera *c*) de la loi est considéré absentéiste quiconque aurait été absent du pays depuis le 1er décembre 1918 et jusqu'à la promulgation de la loi ;

Qu'il résulte des termes de cet article que le propriétaire doit avoir habité le pays d'une manière permanente dans l'intervalle susmentionné pour ne pas être réputé absentéiste ;

Considérant que cet article est interprété de la même manière par le Ministère des Domaines dans sa circulaire N° 16126/1922, par laquelle il est dit que le propriétaire doit avoir habité d'une manière permanente le pays dans l'intervalle prévu par la loi, pour ne pas être réputé absentéiste, et qu'il n'y a pas lieu de faire état d'une pièce quelconque qui tendrait à prouver qu'il n'a pas habité le pays pendant tout cet intervalle, mais seulement pendant une partie de cet intervalle ;

Que par conséquent, vu ce qui précède et tenant compte du texte de loi susmentionné, George Sztojanovits ne saurait être réputé qu'absentéiste et suivant l'article 6 littéra *c*) le fonds rural de son domaine doit être exproprié intégralement ;

Que l'appel de M. le Conseiller agricole est conséquemment bien fondé et doit être admis, que par contre l'appel introduit par le propriétaire doit être rejeté comme non-fondé,

Par ces motifs,

En vertu de la loi

Décide ce qui suit :

Admet l'appel introduit par M. le Conseiller agricole contre le jugement N° 6/921 rendu par la Commission d'arrondissement de Detta concernant l'expropriation du domaine appartenant à Georges Sztojanovits et situé dans les limites de la commune Gherman ; réforme ledit jugement intégralement et par conséquent déclare exproprié en faveur de l'Etat, ce domaine tout entier de 228,137 jougs de surface en conformité des extraits des feuilles Nos 78 et 251 de la commune Gherman. Fixe en même temps le lottype à 4 jougs.

Arrêt définitif.

Rendu et lu dans l'audience publique d'aujourd'hui, 12 juin 1923 à Temesvár.

Président ss/Ernest C. Aslan,
Membres » D. Stoicescu,
Secrétaire » F. Câta.

Pour la conformité :

Secrétaire ss/Tatar L. S.

La conformité de la présente copie de l'arrêt de la Commission départementale de Timis Toronta, N° 382/922 se trouvant en copie certifiée au dossier N° 299/Timis du Comité agraire, Section Transylvaniel est attestée.

Signature illisible.

Au

Tribunal arbitral mixte hungaro-roumain

Paris.

REQUÊTE[1]

des

ressortissants hongrois, *Dr. Kálmán Deseő, conseiller à la Cour suprême de Hongrie et Zoltán Deseő, avocat*, demeurant à *Budapest, 86, rue Baross*, représentés par *les agents du Gouvernement hongrois.*

contre

L'ÉTAT ROUMAIN

Le requérant (*) se réclame du bénéfice de l'assistance judiciaire, en vertu de l'article 78 du Règlement de Procédure du Tribunal, à raison de son état d'indigence, dû précisément à la saisie et à l'enlèvement de ses biens immobiliers par l'Etat Roumain, dont il fait l'objet de sa plainte, comme il suit.

EN FAIT :

Le requérant est de nationalité hongroise, ainsi qu'il se trouve attesté par le certificat de nationalité ci-joint.

Le requérant était propriétaire d'un immeuble rural *consistant surtout de vignes avec quelques édifices contenant trois pièces et une cuisine, une cave et une étable et de quelques petites parcelles de terres arables*, sis à *Apahegy (Comitat de Szatmár) en Roumanie*, inscrit dans les livres fonciers respectifs sous le N° *221*, ayant une étendue totale d'environ *3* jugars cadastraux (un jugar cadastral = 0.5754 hectare), et une valeur approximative de ... anciennes couronnes austro-hongroises or ; le tout sis dans les territoires ayant fait partie de la Hongrie, respectivement de la Monarchie Austro-Hongroise, mais ayant été transférés aux termes du Traité de Paix de Trianon à l'État Roumain.

Le nouveau maître, à peine l'extension de sa souveraineté sur ces territoires réalisée, frappa, entre d'autres, l'immeuble susindiqué du requérant de toute une série de mesures restrictives de son droit de propriété.

Tout d'abord, il lui imposa une espèce d'**administration forcée,** en tant qu'il donna *les parcelles de terres arables de l'immeuble* à des tiers à bail, dit « bail forcé » *et en tant que l'édifice fut réquisitionné déjà au mois d'août 1921 aux fins d'une école communale* ; les fermages *et les loyers* furent payés — si toutefois ils furent — à une caisse publique. C'est une **mesure exceptionnelle,** prévue dans le Traité de Paix de Trianon à l'article 232, Annexe § 3.

Sans parler du bail forcé, c'est surtout la réquisition de l'édifice, se trouvant au milieu des vignes et des vergers, qui devint la source d'innombrables dommages pour le requérant. Aussitôt l'édifice réquisitionné, le vigneron et l'autre employé du requérant n'avaient plus de logement et d'office sur l'immeuble. Le résultat fut que les travaux étaient mal faits et la surveillance devint presque nulle dans les vignes et les vergers. En comble, avec l'ouverture de l'école juste au milieu du vignoble du requérant, celui-ci devint d'abord l'emplacement de jeu, ensuite à la saison où les fruits commencèrent à mûrir, le champ de maraudage des enfants. Par surcroît, l'instituteur et l'employé devinrent des ennemis acharnés et l'instituteur tâchait de se venger de son adversaire précisément en laissant libre cours aux ravages des écoliers. Le requérant devait payer les pots cassés. En outre, l'ameublement de l'édifice réquisitionné devait être entassé quelque part où il devint le libre butin des mites et d'autres vers. C'est le cas aussi des appareils de vendange, mal emmagasinés et rongés de la rouille. L'édifice lui-même manque de tout entretien, bien que comme école il est exposé à une usure extraordinaire. Les dommages du requérant sont immenses. Il n'y a plus grand que son désespoir.

Il était déjà sur le point de vendre l'immeuble au Gouvernement roumain qui voulait l'acheter pour 225.000 lei, aux fins de l'école communale. Il voyagea sur les lieux pour conclure le contrat ; ce voyage lui coûta 5.000 lei. Grande fut sa surprise lorsqu'il apprit que le même Gouvernement roumain qui lui a fait l'offre d'acheter l'immeuble, l'a exproprié à ses propres fins en sa totalité et ne veut payer comme indemnité que 19.000 lei en tout. La décision se trouve ci-jointe (Annexe.)

(*) Plusieurs personnes étant les requérants, les termes du texte ayant trait à elles doivent être mis à la lecture au pluriel.

---

(1) Déposée au Secrétariat du Tribunal, le 29 décembre 1928.

L'explication de ce fait est la suivante :

En 1921, il fut porté une loi, apparemment d'un caractère général, qui fut intitulée : « Loi agraire, ayant vigueur dans la Transylvanie, le Banat, dans les régions de la Crisana et du Maramureș. » Elle est publiée à l'Officiel (Monitorul Oficial) dans son 93e numéro, paru le 30 juillet 1921.

Cette loi contient, entre autres, à son article 6, § c), la disposition suivante : « Seront expropriées en leur totalité les propriétés rurales des absents . . . Au sens de cette loi, l'absent est quiconque était absent de la patrie depuis le 1er décembre 1918 jusqu'au jour de la déposition de cette loi au bureau du Parlement sans qu'il ait eu une mission officielle à l'étranger. Les propriétés rurales d'une étendue jusqu'à 50 jugars font exception. »

Il est intéressant que le jour de la déposition de la loi est le 23 mars 1921, date antérieure à celle de l'entrée en vigueur du Traité de Paix de Trianon, qui est le 26 juillet 1921, mais postérieure à la période pendant laquelle la question du séjour est décisive. La loi a donc, sous un double rapport, effet rétroactif.

Par surcroît, à cette courte période, choisie pour construire ce soi-disant absentéisme, nombre de Hongrois, décidés de maintenir leur nationalité hongroise même au cas d'une annexion de ces territoires par la Roumanie, étaient réellement absents de ces territoires qui étaient en effet leur « patrie », mais pas encore celle des Roumains, comme le texte de la loi rétroactive le ferait croire. Car cette période coincide merveilleusement avec l'occupation soudaine de ces territoires par les troupes roumaines après la conclusion du traité d'armistice (le 3, respectivement le 13 novembre 1918), occupation hostile, devant laquelle des masses de Hongrois étaient en fuite.

Nombre d'autres dispositions de cette loi agraire sont pareilles à celle-ci ou presque.

Par exemple, son article 40, contient la disposition suivante : « Des terres expropriées, l'Etat peut se réserver la superficie nécessaire pour les besoins d'intérêt général, **culturel,** *économique, social, militaire,* **pédagogique,** *etc. Pour la construction d'écoles et d'églises dans les communes rurales, on pourra exproprier jusqu'à 2 jugars ou plus de toute sorte de terrain. »*

C'est un programme, sans doute, un peu chargé pour une simple réforme agraire !

N'importe ! Toutes les deux dispositions de la loi furent appliquées à moi, en alléguant tout aussi bien l'article 6, § c) *que l'article 40, l'Etat roumain m'a dépouillé de la totalité de mon immeuble.*

Tout fut appliqué, excepté l'article 6, lettre a), *§ 7, qui dit expressément que sont exceptés de l'expropriation entre autres : « les vignobles ». En effet, on ne prend pas les vignobles pour les fins de la réforme agraire, ni sur les anciens territoires de la Roumanie, ni dans la Transylvanie non plus, excepté aux « absents », ce qui veut dire aux Hongrois.*

A la place du requérant, l'Etat roumain fut inscrit comme propriétaire dudit immeuble dans les livres fonciers. Cette transcription signifie pour le requérant, selon le système foncier encore en vigueur dans les anciens territoires hongrois, la perte totale de son droit de propriété sur ledit immeuble. Elle est une « **mesure de disposition** » aux termes du Traité de Paix de Trianon, article 232, Annexe § 3.

En échange, une indemnité est promise au requérant en vertu de dispositions assez compliquées de la même loi agraire qui, payée en bons sur l'État, espèce d'un emprunt forcé, tout compte fait, atteint à peine « un » pour cent de la valeur réelle de la propriété enlevée. Soit dit à part, même cette somme minuscule — ironie d'une indemnité — ne fut encore payée au requérant.

De fait et de droit, il ne reste plus *rien* au requérant de son immeuble que quelques bâtiments, leurs sols et quelques parcelles de terres, tels que :

Par surplus, même la nouvelle Constitution du Royaume de Roumanie, promulguée le 29 mars 1923, dans le numéro 282 du Monitorul Oficial, contient à son article 18 une nouvelle menace à la propriété immobilière des étrangers sous la forme de la disposition suivante : « A n'importe quel titre, seuls les Roumains peuvent acquérir et **peuvent conserver** en Roumanie, des biens ruraux. Les étrangers n'auront droit qu'à une indemnité. » Inutile de dire que cette indemnité sera dérisoire, si elle est calculée de la manière adoptée par la loi agraire. Du reste, l'indemnité, si équitable qu'elle soit, n'est pas identique à la propriété en nature. En tout cas, c'est une menace par voie législative d'une autre « **mesure de disposition** » à appliquer à l'avenir.

Voici les faits principaux.

Réserve est faite de les compléter, développer, éventuellement rectifier dans les détails, et de les prouver en cas de contestation par le défendeur.

Sur ce dernier point, le requérant se permet d'aviser d'ores et déjà le Tribunal que probablement il ne sera pas toujours en état de fournir lui-même les preuves qui seraient désirables, puisque celles-ci se trouvent pour une grande partie non seulement à des distances inabordables pour le requérant vu son *domicile à Budapest*, mais aussi et surtout puisqu'elles se trouvent sous les dispositions du défendeur.

En général, le requérant doit remarquer que — vu d'une part l'éloignement des lieux où les faits se passent et, d'autre part, la variation des faits due à la circonstance que la réforme agraire de la Roumanie se trouve en voie de réalisation ou mieux dit en effervescence, et les différentes instances annulent et réforment souvent leurs décisions, dont une partie reste quelquefois même sans exécution, tandis que les autres fois l'exécution avance et surpasse même les décisions — l'établissement exact des faits et leur preuve présenteront plus d'une fois quelques difficultés, mais point insurmontables avec l'aide et assistance du Tribunal.

EN DROIT :

Le requérant a l'honneur d'attirer l'attention du Tribunal sur l'article 250 du Traité de Paix de Trianon qui contient en toute lettre la disposition suivante : « **les biens, droits et intérêts des ressortissants hongrois ou des sociétés contrôlées par eux, situées sur les territoires de l'ancienne monarchie austro-hongroise, ne seront pas sujets à saisie ou liquidation** ».

Il contient en outre : « **Ces biens, droits et intérêts seront restitués aux ayants-droit, libérés de toute mesure de ce genre ou de toute autre mesure de disposition, d'administration forcée ou de séquestre prises depuis le 3 novembre 1918 jusqu'à la mise en vigueur du présent Traité.** »

Il ordonne même qu': « **Ils seront restitués dans l'état où ils se trouvaient avant l'application des mesures en question** »;

Et son alinéa 3 porte que : « **Les réclamations qui pourraient être introduites par les ressortissants hongrois en vertu du présent article, seront soumises au Tribunal arbitral mixte prévu à l'article 239.** »

Ce Tribunal arbitral mixte est celui auquel le requérant a l'honneur de s'adresser.

Mais aussi les autres stipulations de cet article 250 ne sont que trop claires. Elles n'ont point besoin de longs commentaires.

Il est certain qu'elles veulent garantir expressément aux ressortissants hongrois le respect de leurs biens, droits et intérêts restés sur les territoires transférés. Leur but est de ménager, au possible, la situation économique privée des anciens ressortissants du Royaume de Hongrie, respectivement des États de la Monarchie Austro-Hongroise dissoute, même de ceux, ou précisément de ceux, dont les biens restent désormais en dehors des frontières de leur patrie.

De là les droits expressément garantis par les Traités. Des dispositions analogues se trouvent à l'article 63, alinéa 4 du Traité de Paix de Trianon, de même qu'aux articles 267 et 78, alinéa 4, du Traité de Saint-Germain-en-Laye, conclu avec l'Autriche, également démembrée.

Au fond, ces droits ne diffèrent guère des droits que les principes généraux du Droit public international, reconnus jusqu'ici à l'unanimité entre Etats civilisés, confèrent à tous les étrangers en matière de propriété privée. Et s'ils en diffèrent tout de même dans les détails, ou bien si ces principes, hors discussion autrefois, se trouvent ternis depuis des temps tout récents, il suffit à l'existence de ces droits en l'espèce — à leur existence indubitable malgré tout — **qu'ils sont garantis en faveur de leurs bénéficiaires expressément dans les Traités, et qu'ils ont leurs bonnes raisons d'existence.**

PAR CES MOTIFS :

Le requérant a l'honneur de conclure et demander qu'il plaise au Tribunal :

1. Dire et déclarer que les mesures restrictives du droit de propriété, appliquées à l'immeuble du requérant par l'Etat Roumain — par son pouvoir législatif, judiciaire ou administratif, n'importe — sont contraires aux stipulations de l'article 250 du Traité de Paix de Trianon, et par conséquent elles les violent.
2. Condamner, dès lors, l'Etat Roumain à restituer au requérant l'immeuble en question, libre de toutes mesures restrictives du droit de propriété ayant caractère confiscatoire ou spoliateur, dans l'état où il se trouvait avant l'application de telles mesures ; rétablir l'état antérieur aussi dans les livres fonciers.
3. Condamner, en outre, l'Etat Roumain à payer indemnité complète au requérant pour les détériorations et la privation de jouissance de l'immeuble durant sa soustraction, de même que pour les frais et débours encourus par le requérant par suite des mesures indûment appliquées.
4. Subsidiairement, pour le cas où il serait prouvé péremptoirement au procès que l'immeuble ou quelques-unes de ses parties, respectivement quelques-uns de ses accessoires ne peuvent être restitués par impossibilité, condamner l'Etat Roumain à payer également indemnité complète au requérant pour les objets faisant défaut.
5. Etablir toutes les fois le montant des indemnités **ex æquo et bono,** prenant en considération toutes les circonstances de l'espèce ; et en tout cas jusqu'à concurrence des sommes qui seront justifiées au cours du procès.
6. En tout état de cause, condamner l'Etat Roumain en tous frais et dépens tant de la présente instance que de toutes autres qui auraient été ou qui seraient imposées au requérant par suite des mesures en question prises par lui contre l'immeuble.
7. Vu le péril en la demeure, faire usage de son droit assuré à l'article 29 de son Règlement de Procédure au sujet des mesures conservatoires, et engager l'Etat Roumain de surseoir sans délai à l'exécution de toutes mesures restrictives concernant l'immeuble en cause.

Budapest, le 13 décembre 1923.

(Signé) *KÁLMÁN DESEŐ et ZOLTÁN DESEŐ.*

Vu par le soussigné agent du Gouvernement hongrois, qui par sa signature confirme la nationalité hongroise et l'état d'indigence du requérant, et accepte sa représentation au procès.

(Signé) L. GAJZÁGÓ.

ANNEXE

No 95/1923

Au nom de la loi.

La Commission du District exproprie du point de vue d'intérêt public la propriété entière appartenant à Kálmán Deseö et Zoltán Deseö, habitants de Budapest, propriété qui se trouve à la frontière du village Ville-Apei, sur la montagne enregistrée dans les registres du cadastre sous No 369 numéros topographiques 364/2, 366/2, 367/2, 368/2, consistant de 2 arpents et 900 toises et exproprie aussi le bâtiment se trouvant sur cette propriété, consistant de 4 chambres et cave. La valeur du bâtiment est fixé à Lei 14.000, celle de la terre à Lei 5.000, soit total Lei 19.000, dix-neuf mille Lei.

Motifs.

En considération de la requête de la Commission locale de Ville-Apei, de laquelle il appert que le village Ville-Apei n'a aucun bâtiment qu'on pourrait employer comme école primaire de l'Etat et comme dans le village entier il n'y a pas un endroit convenable où l'on pourrait bâtir l'école,

En considération de la loi de réforme agraire, paragraphe 40, suivant lequel pour le but du bâtiment de l'école 2 arpents peuvent être expropriés de chaque propriété dans les villages,

En considération du Décret du Ministre d'Agriculture No.... en vertu duquel dans l'intérêt public et sur demande des représentants de l'Etat même les bâtiments des propriétaires absents peuvent être expropriés,

Par ces motifs, la Commission mentionnée a exproprié la propriété des propriétaires mentionnés, vu que tous les deux sont absents, de plus que le village Ville-Apei n'a pas de bâtiment pour l'école primaire et qu'il n'y a aucune place convenable pour édifier le bâtiment de l'école.

La valeur de la terre et des bâtiments expropriés a été fixée selon l'art. 53 de la loi, tenant en vue la valeur fixée conjointement avec la Commission locale. Signé Dr. Peter Teofil, Président de la Commission.

Signé : Demeter Tinculescu, Inspecteur économique du District.

Signé : János Muresan, Délégué du Ministère de l'Agriculture.

Signé : L. Nagy, notaire.

Pour copie conforme :

Signé : L. NAGY.

Archiviste.

Au

Tribunal arbitral mixte hungaro-roumain

Paris.

REQUÊTE [1]

du

ressortissant hongrois, *Emeric Kulin père, Président de chambre à la Cour d'appel de Debreczen*, demeurant à *Debreczen, 28, rue Komlóssy, en Hongrie*, représenté par *les agents du Gouvernement hongrois*,

contre

L'ÉTAT ROUMAIN.

Le requérant se réclame du bénéfice de l'assistance judiciaire, en vertu de l'article 78 du Règlement de procédure du Tribunal, à raison de son état d'indigence, dû précisément à la saisie et à l'enlèvement de ses biens immobiliers par l'Etat Roumain, dont il fait l'objet de sa plainte, comme il suit.

EN FAIT :

Le requérant était propriétaire *de la moitié d'un immeuble rural possédé en indivision avec son fils, sis à Érendréd (Comitat Szatmár) en Roumanie*, inscrit dans les livres fonciers respectifs sous le Nº *330*, ayant une étendue totale *de la moitié d'environ 312* jugars cadastraux (un jugar cadastral = 0.5754 hectare), et une valeur approximative de ...... anciennes couronnes austro-hongroises or ; *bien outillé et abondamment pourvu de bestiaux, exploité en propre régie en commun par le requérant et son fils* ; le tout sis dans les territoires ayant fait partie de la Hongrie, respectivement de la Monarchie Austro-Hongroise, mais ayant été transférés aux termes du Traité de Paix de Trianon à l'Etat Roumain.

Le nouveau maître, à peine l'extension de sa souveraineté sur ces territoires réalisée frappa, entre d'autres, l'immeuble susindiqué du requérant de toute une série de mesures restrictives de son droit de propriété.

Tout d'abord la quote-part du requérant en l'immeuble fut frappée d'une **saisie** formelle, en tant qu'une formule générale fut inscrite dans les livres fonciers, défendant au requérant de disposer librement de *sa quote-part* et surtout de l'aliéner ou grever de quelque façon que ce soit. C'est une **mesure exceptionnelle** aux termes du Traité de Paix de Trianon, article 232, Annexe § 3.

Ensuite, il fut porté une loi, apparemment d'un caractère général, qui fut intitulée : « Loi agraire, ayant vigueur dans la Transylvanie, le Banat, dans les régions de la Crisana et du Maramures ». Elle est publiée à l'Officiel (Monitorul Oficial) dans son 93e numéro, paru le 30 juillet 1921.

Cette loi contient, entre autres, à son article 6, § *c*), la disposition suivante : « Seront expropriées en leur totalité les propriétés rurales des absents . . . Au sens de cette loi, l'absent est quiconque était absent de la patrie depuis le 1er décembre 1918 jusqu'au jour de la déposition de cette loi au bureau du Parlement sans qu'il ait eu une mission officielle à l'étranger. Les propriétés rurales d'une étendue jusqu'à 50 jugars font exception ».

Il est intéressant que le jour de la déposition de la loi est le 23 mars 1921, date antérieure à celle de l'entrée en vigueur du Traité de Paix de Trianon, qui est le 26 juillet 1921, mais postérieure à la période, pendant laquelle la question du séjour est décisive. La loi a donc, sous un double rapport, effet rétroactif.

Par surcroît, à cette courte période, choisie pour construire ce soi-disant absentéisme, nombre de Hongrois, décidés de maintenir leur nationalité hongroise même au cas d'une annexion de ces territoires par la Roumanie, étaient réellement absents de ces territoires qui étaient en effet leur « patrie », mais pas encore celle des Roumains, comme le texte de la loi rétroactive le ferait croire. Car cette période coïncide merveilleusement avec l'occupation soudaine de ces territoires par les troupes roumaines après la conclusion du traité d'armistice,

(1) Déposée au Secrétariat du Tribunal, le 29 décembre 1923.

(le 3, respectivement le 13 novembre 1918), occupation hostile, devant laquelle des masses de Hongrois étaient en fuite.

Nombre d'autres dispositions de cette loi agraire sont pareilles à celle-ci ou presque.

Les dispositions de l'article 6, § c) de ladite loi, frappant soi-disant les absents, furent appliquées par les organes exécutifs de l'Etat Roumain aussi à l'immeuble en question du requérant, resté ressortissant hongrois, malgré que sa femme et ses enfants demeurent constamment sur l'immeuble et l'administrent personnellement ensemble avec le fils aîné du requérant, propriétaire de l'autre moitié de l'immeuble par indivis, et le requérant lui-même y passe depuis des années tous ses loisirs laissés par ses fonctions en sa qualité de juge hongrois à Debreczen, la plus prochaine grande ville, marché des environs où l'immeuble se trouve, et dont elle n'est séparée qu'à peu de distance par la nouvelle ligne de frontière. Il est même à remarquer que la ville de Debreczen ayant été occupée elle-même par les troupes roumaines pendant une grande partie de la période critique de l'article 6, § c), le requérant qui a continué à exercer ses fonctions de juge en cette ville même pendant l'occupation, tout en visitant sa propriété de temps en temps, selon ses habitudes, a vécu pendant ce temps à Debreczen sous la même domination qu'à Érendréd sur sa propriété et ne pourrait, par conséquent, être considéré comme absent, même aux termes de la loi. Seule l'animosité des autorités roumaines, continuant à agir dans le même esprit que leurs lois et les ordonnances leur inspirent, peut expliquer le fait que le requérant fut qualifié absent et toute sa quote-part en l'immeuble lui fut enlevée, alors que les plus grandes propriétés voisines appartenant à des Roumains sont restées intactes ou presque. Le requérant, père de famille ayant 11 enfants, à l'éducation desquels il s'est consacré sa vie durant ensemble avec son épouse avec laquelle il vécut et vit en un ménage exemplaire, aurait mérité un autre sort que d'être atteint si gravement dans sa situation économique, au nom sacré de la justice, avant d'avoir même accompli tout à fait les tâches sublimes qui l'attendent et juste au moment ou sa vieillesse s'approche. Même pendant l'occupation militaire, par les troupes roumaines de ces contrées, il a eu à souffrir des réquisitions plus que tous ses voisins. Son bétail, ses instruments, ses produits agricoles furent emportés en des quantités exagérées.

Quant à sa quote-part en l'immeuble, l'État Roumain fut inscrit *à sa place* comme propriétaire dans les livres fonciers. Cette transcription signifie pour le requérant, selon le système foncier encore en vigueur dans les anciens territoires hongrois, la perte totale de son droit de propriété sur ledit immeuble. Elle est une **« mesure de disposition »** aux termes du Traité de Paix de Trianon, art. 232, Annexe § 3.

En échange, une indemnité est promise au requérant en vertu de dispositions assez compliquées de la même loi agraire qui, payée en bons sur l'État, espèce d'un emprunt forcé, tout compte fait, atteint à peine « un » pour cent de la valeur réelle de la propriété enlevée. Soit dit à part, même cette somme minuscule — ironie d'une indemnité — ne fut encore payée au requérant.

Il est vrai que l'Etat Roumain non plus n'a pas encore distribué et donné en propriété à des tiers *la partie de l'immeuble répondant à sa quote-part. Il exige seulement que la division en nature des quote-parts virtuelles soit faite. C'est ainsi du moins que les autorités supérieures ont décidé sur la base des lois et ordonnances respectives. Ce qui ne fut pas pourtant un empêchement pour les autorités locales de première instance d'enfreindre les décisions des supérieures et permettre l'irruption par la force de quelques soi-disant « ayants-droit » favorisés de race roumaine sur une partie de l'immeuble du requérant et leur installation sur elle.*

Il est incertain, si l'état de choses ne se trouvera pas empiré encore pour le requérant à l'avenir, même d'ici jusqu'au moment de l'entrée de sa requête au Secrétariat du Tribunal, vu que les procédés de dépossession poursuivis par l'Etat Roumain dans les cadres de sa soi-disant réforme agraire continuent leurs cours, *et il est à craindre que l'installation des ayants-droit sur l'immeuble ne devienne définitive.*

Par surplus, même la nouvelle Constitution du Royaume de Roumanie, promulguée le 29 mars 1923, dans le N° 282 du Monitorul Oficial, contient à son article 18 une nouvelle menace à la propriété immobilière des étrangers sous la forme de la disposition suivante : « A n'importe quel titre, seuls les Roumains peuvent acquérir et **peuvent conserver** en Roumanie des biens ruraux. Les étrangers n'auront droit qu'à une indemnité ». Inutile de dire que cette indemnité sera dérisoire, si elle est calculée de la manière adoptée par la loi agraire. Du reste, l'indemnité, si équitable qu'elle soit, n'est pas identique à la propriété en nature. En tout cas, c'est une menace par voie législative d'une autre **« mesure de disposition »** à appliquer à l'avenir.

Voici les faits principaux.

Réserve est faite de les compléter, développer, éventuellement rectifier dans les détails, et de les prouver en cas de contestation par le défendeur.

Sur ce dernier point, le requérant se permet d'aviser d'ores et déjà le Tribunal que probablement il ne sera pas toujours en état de fournir lui-même les preuves qui seraient désirables, puisqu'elles se trouvent *en partie* sous les dispositions du défendeur.

En général, le requérant doit remarquer que — vu la variation des faits due à la circonstance que la réforme agraire de la Roumanie se trouve en voie de réalisation ou mieux dit en effervescence, et les différentes instances annulent et réforment souvent leurs décisions, dont une partie reste quelquefois même sans exécution, tandis que les autres fois l'exécution avance et surpasse même les décisions — l'établissement exact des faits et leur preuve présenteront plus d'une fois quelques difficultés, mais point insurmontables avec l'aide et assistance du Tribunal.

EN DROIT :

Le requérant à l'honneur d'attirer l'attention du Tribunal sur l'article 250 du Traité de Paix de Trianon qui contient en toute lettre la disposition suivante : **« les biens, droits et intérêts des ressortissants hongrois ou des sociétés contrôlées par eux, situées sur les territoires de l'ancienne monarchie austro-hongroise, ne seront pas sujets à saisie ou liquidation ».**

Il contient en outre : **« Ces biens, droits et intérêts seront restitués aux ayants-droit, libérés de toute mesure de ce genre ou de toute autre mesure de disposition, d'administration forcée ou de séquestre prises depuis le 3 novembre 1918 jusqu'à la mise en vigueur du présent Traité ».**

Il ordonne même qu' : **« Ils seront restitués dans l'état où ils se trouvaient avant l'application des mesures en question ».**

Et son alinéa 3 porte que : **« Les réclamations qui pourraient être introduites par les ressortissants hongrois en vertu du présent article, seront soumises au Tribunal arbitral mixte prévu à l'article 239 ».**

Ce Tribunal arbitral mixte est celui auquel le requérant a l'honneur de s'adresser.

Mais aussi les autres stipulations de cet article 250 ne sont que trop claires. Elles n'ont point besoin de longs commentaires.

Il est certain qu'elles veulent garantir expressément aux ressortissants hongrois le respect de leurs biens, droits et intérêts restés sur les territoires transférés. Leur but est de ménager, au possible, la situation économique privée des anciens ressortissants du Royaume de Hongrie, respectivement des Etats de la Monarchie Austro-Hongroise dissoute, même de ceux, ou précisément de ceux dont les biens restent désormais en dehors des frontières de leur patrie.

De là les droits expressément garantis par les Traités. Des dispositions analogues se trouvent à l'article 63, alinéa 4 du Traité de Paix de Trianon, de même qu'aux articles 267 et 78, alinéa 4 du Traité de Saint-Germain-en-Laye, conclu avec l'Autriche, également démembrée.

Au fond, ces droits ne diffèrent guère des droits que les principes généraux du Droit public international, reconnus jusqu'ici à l'unanimité entre États civilisés, confèrent à tous les étrangers en matière de propriété privée. Et s'ils en diffèrent tout de même dans les détails, ou bien si ces principes, hors discussion autrefois, se trouvent ternis depuis des temps tout récents, il suffit à l'existence de ces droits en l'espèce — à leur existence indubitable malgré tout — **qu'ils sont garantis en faveur de leurs bénéficiaires expressément dans les Traités, et qu'ils ont leurs bonnes raisons d'existence.**

PAR CES MOTIFS :

Le requérant a l'honneur de conclure et demander qu'il plaise au Tribunal :

1. Dire et déclarer que les mesures restrictives du droit de propriété, appliquées à l'immeuble *et aux meubles* du requérant par l'Etat Roumain — par son pouvoir législatif, judiciaire ou administratif, n'importe — sont contraires aux stipulations de l'article 250 du Traité de Paix de Trianon, et par conséquent elles les violent.

2. Condamner, dès lors, l'Etat Roumain à restituer au requérant l'immeuble *saisi et les meubles réquisitionnés*, libre de toutes mesures restrictives du droit de propriété ayant caractère confiscatoire ou spoliateur, dans l'état où ils se trouvaient avant l'application de telles mesures ; rétablir l'état antérieur aussi dans les livres fonciers.

3. Condamner, en outre, l'État Roumain à payer indemnité complète au requérant pour les détériorations et la privation de jouissance de l'immeuble *et des meubles* durant leur soustraction, de même que pour les frais et débours encourus par le requérant par suite des mesures indûment appliquées.

4. Subsidiairement, pour le cas où il serait prouvé péremptoirement au procès que l'immeuble *et les meubles* ou quelques-unes de leurs parties, respectivement quelques-uns de leurs accessoires ne peuvent être restitués par impossibilité, condamner l'Etat Roumain à payer également indemnité complète au requérant pour les objets faisant défaut.

5. Etablir toutes les fois le montant des indemnités **ex æquo et bono,** prenant en considération toutes les circonstances de l'espèce ; et en tout cas jusqu'à concurrence des sommes qui seront justifiées au cours du procès.

6. En tout état de cause, condamner l'Etat Roumain en tous frais et dépens tant de la présente instance que de toutes autres qui auraient été ou qui seraient imposées au requérant par suite des mesures en question prises par lui contre l'immeuble *et les meubles*.

7. Vu le péril en la demeure, faire usage de son droit assuré à l'article 29 de son Règlement de procédure au sujet des mesures conservatoires, et engager l'Etat Roumain de surseoir sans délai à l'exécution de toutes mesures restrictives concernant l'immeuble en cause.

Budapest, le 13 décembre 1923.

(Signé) *EMERIC KULIN père.*

Vu par le soussigné agent du Gouvernement hongrois, qui par sa signature confirme la nationalité hongroise et l'état d'indigence du requérant, et accepte sa représentation au procès.

(Signé) L. GAJZÁGÓ.

Au
Tribunal arbitral mixte hungaro-roumain
Paris.

REQUÊTE (1)

du

ressortissant hongrois (*), *Mme veuve Ambroise Gróza, née Lucrèce Bida*, demeurant à *Budapest* (2), représentée par *les Agents du Gouvernement hongrois*,

contre

L'ÉTAT ROUMAIN.

La requérante se réclame du bénéfice de l'assistance judiciaire, en vertu de l'article 78 du Règlement de procédure du Tribunal, à raison de son état d'indigence, dû précisément à la saisie et à l'enlèvement de ses biens immobiliers par l'Etat Roumain, dont elle fait l'objet de sa plainte, comme il suit.

EN FAIT :

Le requérant est de nationalité hongroise, ainsi qu'il se trouve attesté par le certificat de nationalité ci-joint.

Le requérant était propriétaire d'un immeuble rural sis à *Szlanizsa (Comitat Hunyad), en Roumanie*, inscrit dans les livres fonciers respectifs sous le N° *698 de Szlanizsa*, ayant une étendue totale d'environ *6* jugars cadastraux (un jugar cadastral = 0.5754 hectare), et une valeur approximative de *1.200* anciennes couronnes austro-hongroises or; le tout sis dans les territoires ayant fait partie de la Hongrie, respectivement de la Monarchie Austro-Hongroise, mais ayant été transférés aux termes du Traité de Paix de Trianon à l'État Roumain.

Le nouveau maître, à peine l'extension de sa souveraineté sur ces territoires réalisée, frappa entre d'autres, l'immeuble susindiqué du requérant de toute une série de mesures restrictives de son droit de propriété.

Tout d'abord, il lui imposa une espèce d'**administration forcée,** en tant qu'il a partagé son immeuble en des parcelles provisoires et les donna à des tiers à bail, dit « bail forcé » ; les fermages furent payés — si toutefois ils furent — à une caisse publique. C'est une **mesure exceptionnelle,** prévue dans le Traité de Paix de Trianon à l'article 232, Annexe § 3.

Plus tard, l'immeuble en question fut frappé d'une *saisie* formelle, en tant qu'une formule générale fut inscrite dans les livres fonciers, défendant au requérant de disposer librement de son immeuble et surtout de l'aliéner ou grever de quelque façon que ce soit. C'est aussi une **mesure exceptionnelle** aux termes du Traité de Paix de Trianon, article 232, Annexe § 3.

Ensuite, il fut porté une loi, apparemment d'un caractère général, qui fut intitulée : « Loi agraire, ayant vigueur dans la Transylvanie, le Banat, dans les régions de la Crisana et du Maramures ». Elle est publiée à l'Officiel (Monitorul Oficiel) dans son 93e numéro, paru le 30 juillet 1921.

Cette loi contient, entre autres, à son article 6, § *c*), la disposition suivante : « Seront expropriées en leur totalité les propriétés rurales des absents . . . Au sens de cette loi,l'absent est quiconque était absent de la patrie depuis le 1er décembre 1918 jusqu'au jour de la déposition de cette loi au bureau du Parlement sans qu'il ait eu une mission officielle à l'étranger. Les propriétés rurales d'une étendue jusqu'à 50 jugars font exception ».

Il est intéressant que le jour de la déposition de la loi est le 23 mars 1921, date antérieure à celle de l'entrée en vigueur du Traité de Paix de Trianon, qui est le 26 juillet 1921, mais postérieure à la période, pendant laquelle la question du séjour est décisive. La loi a donc, sous un double rapport, effet rétroactif.

(*) Une dame étant la requérante, les termes du texte ayant trait à elle doivent être changés à la lecture en leur forme féminine.

(1) Déposée au Secrétariat du Tribunal, le 29 décembre 1923.

(2) Etant privée, à la suite de la réforme agraire de la Roumanie, de toute sa petite fortune, consistant de quelques hectares de terre, la requérante subvient à ses besoins et à ceux de ses petits enfants, en étant femme de service au Ministère de la Prévoyance sociale de la Hongrie.

Par surcroît, à cette courte période, choisie pour construire ce soi-disant absentéisme, nombre de Hongrois, décidés de maintenir leur nationalité hongroise même au cas d'une annexion de ces territoires par la Roumanie, étaient réellement absents de ces territoires qui étaient en effet leur « patrie », mais pas encore celle des Roumains, comme le texte de la loi rétroactive le ferait croire. Car cette période coïncide merveilleusement avec l'occupation soudaine de ces territoires par les troupes roumaines après la conclusion du traité d'armistice (le 3, respectivement le 13 novembre 1918), occupation hostile, devant laquelle des masses de Hongrois étaient en fuite.

Nombre d'autres dispositions de cette loi agraire sont pareilles à celle-ci ou presque.

Les dispositions de l'article 6, § c), de ladite loi, frappant soi-disant les absents, furent appliquées par les organes exécutifs de l'Etat Roumain aussi à l'immeuble en question du requérant, resté ressortissant hongrois.

A la place du requérant, l'Etat roumain fut inscrit comme propriétaire dudit immeuble dans les livres fonciers. Cette transcription signifie pour le requérant, selon le système foncier encore en vigueur dans les anciens territoires hongrois, la perte totale de son droit de propriété sur ledit immeuble. Elle est une **« mesure de disposition »** aux termes du Traité de Paix de Trianon, article 232, Annexe § 3.

En échange, une indemnité est promise au requérant en vertu de dispositions assez compliquées de la même loi agraire qui, payée en bons sur l'État, espèce d'un emprunt forcé, tout compte fait, atteint à peine « un » pour cent de la valeur réelle de la propriété enlevée. Soit dit à part, même cette somme minuscule — ironie d'une indemnité — ne fut encore payée au requérant.

Encore est-il incertain, que l'état de choses ne se trouvera pas empiré encore pour le requérant à l'avenir, même d'ici jusqu'au moment de l'entrée de sa requête au Secrétariat du Tribunal, vu que les procédés de dépossession poursuivis par l'Etat Roumain dans les cadres de sa soi-disant réforme agraire continuent leurs cours.

Par surplus, même la nouvelle Constitution du Royaume de Roumanie, promulguée le 29 mars 1923, dans le N° 282 du Monitorul Oficial, contient à son article 18 une nouvelle menace à la propriété immobilière des étrangers sous la forme de la disposition suivante : « A n'importe quel titre, seuls les Roumains peuvent acquérir et **peuvent conserver** en Roumanie des biens ruraux. Les étrangers n'auront droit qu'à une indemnité ». Inutile de dire que cette indemnité sera dérisoire, si elle est calculée de la manière adoptée par la loi agraire. Du reste, l'indemnité, si équitable qu'elle soit, n'est pas identique à la propriété en nature. En tout cas, c'est une menace par voie législative d'une autre **« mesure de disposition »** à appliquer à l'avenir.

Voici les faits principaux.

Réserve est faite de les compléter, développer, éventuellement rectifier dans les détails, et de les prouver en cas de contestation par le défenseur.

Sur ce dernier point, le requérant se permet d'aviser d'ores et déjà le Tribunal, que probablement, il ne sera pas toujours en état de fournir lui-même, les preuves qui seraient désirables, puisque celles-ci se trouvent pour une grande partie non seulement à des distances inabordables pour le requérant, mais aussi, et surtout, puisqu'elles se trouvent sous les dispositions du défendeur.

En général, le requérant doit remarquer que — vu d'une part l'éloignement des lieux où les faits se passent, et d'autre part la variation des faits due à la circonstance que la réforme agraire de la Roumanie se trouve en voie de réalisation, ou mieux dit, en effervescence, et les différentes instances annulent et réforment souvent leurs décisions, dont une partie reste quelquefois même sans exécution, tandis que les autres fois l'exécution avance et surpasse même les décisions — l'établissement exact des faits et leur preuve présenteront plus d'une fois quelques difficultés, mais point insurmontables avec l'aide et assistance du Tribunal.

EN DROIT :

Le requérant à l'honneur d'attirer l'attention du Tribunal sur l'article 250 du Traité de Paix de Trianon qui contient en toute lettre la disposition suivante : **« les biens, droits et intérêts des ressortissants hongrois ou des sociétés contrôlés par eux, situés sur les territoires de l'ancienne monarchie austro-hongroise, ne seront pas sujets à saisie ou liquidation ».**

Il contient en outre : **« Ces biens, droits et intérêts seront restitués aux ayants-droit, libérés de toute mesure de ce genre ou de toute autre mesure de disposition, d'administration forcée ou de séquestre prises depuis le 3 novembre 1918 jusqu'à la mise en vigueur du présent Traité «.**

Il ordonne même qu' : **« Ils seront restitués dans l'état ou ils se trouvaient avant l'application des mesures en question ».**

Et son alinéa 3 porte que : **« Les réclamations qui pourraient être introduites par les ressortissants hongrois en vertu du présent article seront soumises au Tribunal arbitral mixte prévu à l'article 239 ».**

Ce Tribunal arbitral mixte est celui auquel le requérant a l'honneur de s'adresser.

Mais aussi les autres stipulations de cet article 250 ne sont que trop claires. Elles n'ont point besoin de longs commentaires.

Il est certain qu'elles veulent garantir expressément aux ressortissants hongrois le respect de leurs biens, droits et intérêts restés sur les territoires transférés. Leur but est de ménager, au possible, la situation économique privée des anciens ressortissants du Royaume de Hongrie, respectivement des États de la Monarchie Austro-Hongroise dissoute, même de ceux, ou précisément de ceux dont les biens restent désormais en dehors des frontières de leur patrie.

De là les droits expressément garantis par les Traités. Des dispositions analogues se trouvent à l'article 63, alinéa 4 du Traité de Paix de Trianon, de même qu'aux articles 267 et 78, alinéa 4 du Traité de Saint-Germain-en-Laye, conclu avec l'Autriche, également démembrée.

Au fond, ces droits ne diffèrent guère des droits que les principes généraux du Droit public international, reconnus jusqu'ici à l'unanimité entre Etats civilisés, confèrent à tous les étrangers en matière de propriété privée. Et s'ils en diffèrent tout de même dans les détails, ou bien si ces principes, hors discussion autrefois, se trouvent ternis depuis des temps tout récents, il suffit à l'existence de ces droits en l'espèce — à leur existence indubitable malgré tout — **qu'ils sont garantis en faveur de leurs bénéficiaires expressément dans les Traités, et qu'ils ont leurs bonnes raisons d'existence.**

PAR CES MOTIFS :

Le requérant à l'honneur de conclure et demander qu'il plaise au Tribunal :

1. Dire et déclarer que les mesures restrictives du droit de propriété, appliquées à l'immeuble du requérant par l'Etat Roumain — par son pouvoir législatif, judiciaire ou administratif, n'importe — sont contraires aux stipulations de l'article 250 du Traité de Paix de Trianon, et par conséquent elles les violent.

2. Condamner, dès lors, l'Etat Roumain à restituer au requérant l'immeuble en question, libre de toutes mesures restrictives du droit de propriété ayant caractère confiscatoire ou spoliateur, dans l'état où il se trouvait avant l'application de telles mesures ; rétablir l'état antérieur aussi dans les livres fonciers.

3. Condamner, en outre, l'Etat Roumain à payer indemnité complète au requérant pour les détériorations et la privation de jouissance de l'immeuble durant sa soustraction, de même que pour les frais et débours encourus par le requérant par suite des mesures indûment appliquées.

4. Subsidiairement, pour le cas où il serait prouvé péremptoirement au procès que l'immeuble ou quelques-unes de ses parties, respectivement quelques-uns de ses accessoires ne peuvent être restitués par impossibilité, condamner l'Etat Roumain à payer également indemnité complète au requérant pour les objets faisant défaut.

5. Etablir toutes les fois le montant des indemnités **ex æquo et bono,** prenant en considération toutes les circonstances de l'espèce ; et en tout cas jusqu'à concurrence des sommes qui seront justifiées au cours du procès.

6. En tout état de cause, condamner l'État Roumain en tous frais et dépens tant de la présente instance que de toutes autres qui auraient été ou qui seraient imposées au requérant par suite des mesures en question prises par lui contre l'immeuble.

7. Vu le péril en la demeure, faire usage de son droit assuré à l'article 29 de son Règlement de procédure au sujet des mesures conservatoires, et engager l'Etat Roumain de surseoir sans délai à l'exécution de toutes mesures restrictives concernant l'immeuble en cause.

Budapest, le 13 décembre 1923.

(Signé) *Mme Ambroise GRÓZA.*

Vu par le soussigné agent du Gouvernement hongrois, qui par sa signature confirme la nationalité hongroise et l'état d'indigence de la requérante, et accepte sa représentation au procès.

(Signé) L. GAJZÁGÓ.

Au
Tribunal arbitral mixte hungaro-roumain
Paris.

REQUÊTE (1)

de la

ressortissante hongroise *Baronne Elek Nopcsa, née de Coudekerque-Lambrecht*, demeurant à *Budapest, V. Parlement, porte XVII* (2), représentée par *les Agents du Gouvernement hongrois*,

contre

L'ÉTAT ROUMAIN

La requérante (*) *se réclame du bénéfice de l'assistance judiciaire, en vertu de l'article 78 du Règlement de Procédure du Tribunal, à raison de son état d'indigence, dû précisément à la saisie et à l'enlèvement de ses biens immobiliers par l'Etat Roumain, dont elle fait l'objet de sa plainte, comme il suit.*

EN FAIT :

Le requérant est de nationalité hongroise, ainsi qu'il se trouve attesté par le certificat de nationalité ci-joint.

Le requérant était propriétaire d'un immeuble rural (**) sis à *Petrosz et Petrozsény (Comitat Hunyad) en Roumanie*, inscrit dans les livres fonciers respectifs sous les Nos *513 et 383 (Petrosz) et 82 et 872 (Petrozsény)*, ayant une étendue totale d'environ *4.328* jugars cadastraux (un jugar cadastral = 0.5754 hectare), et une valeur approximative de . . . anciennes couronnes austro-hongroises or ; le tout sis dans les territoires ayant fait partie de la Hongrie, respectivement de la Monarchie Austro-Hongroise, mais ayant été transférés aux termes du Traité de Paix de Trianon à l'Etat Roumain.

Le nouveau maître, à peine l'extension de sa souveraineté sur ces territoires réalisée, frappa, entre d'autres, l'immeuble susindiqué du requérant de toute une série de mesures restrictives de son droit de propriété.

Tout d'abord, il lui imposa une espèce d'**administration forcée**, en tant qu'il a partagé son immeuble en des parcelles provisoires et les donna à des tiers à bail, dit « bail forcé » ; les fermages furent payés — si toutefois ils furent — à une caisse publique. C'est une **mesure exceptionnelle,** prévue dans le Traité de Paix de Trianon, à l'article 232, Annexe § 3.

Plus tard, l'immeuble en question fut frappé d'une **saisie** formelle, en tant qu'une formule générale fut inscrite dans les livres fonciers, défendant au requérant de disposer librement de son immeuble et surtout de l'aliéner ou grever de quelque façon que ce soit. C'est aussi une **mesure exceptionnelle** aux termes du Traité de Paix de Trianon, article 232, Annexe § 3.

Ensuite, il fut porté une loi, apparemment d'un caractère général, qui fut intitulée : « Loi agraire, ayant vigueur dans la Transylvanie, le Banat, dans les régions de la Crisana et du Maramures. » Elle est publiée à l'Officiel (Monitorul Oficial), dans son 93e numéro, paru le 30 juillet 1921.

Cette loi contient, entre autres, à son article 6, § *c*), la disposition suivante : « Seront expropriées en leur totalité les propriétés rurales des absents . . . Au sens de cette loi, l'absent est quiconque était absent de la patrie depuis le 1er décembre 1918 jusqu'au jour de la déposition de cette loi au bureau du Parlement sans qu'il ait eu une mission officielle à l'étranger. Les propriétés rurales d'une étendue jusqu'à 50 jugars font exception. »

(*) Une dame étant la requérante, les termes du texte ayant trait à elle doivent être changés à la lecture en leur forme féminine.

(**) Vu que le litige porte sur plusieurs immeubles, les termes du texte ayant trait à eux doivent être mis à la lecture au pluriel.

(1) Déposée au Secrétariat du Tribunal, le 29 décembre 1923.

(2) Bien qu'ayant eu une position sociale élevée, la requérante, privée de toute sa fortune consistant de forêts, à la suite de la réforme agraire de la Roumanie, gagne son pain depuis des années comme dactylographe au bureau de la présidence du Parlement hongrois.

Il est intéressant que le jour de la déposition de la loi est le 23 mars 1921,-date antérieure à celle de l'entrée en vigueur du Traité de Paix de Trianon, qui est le 26 juillet 1921, mais postérieure à la période pendant laquelle la question du séjour est décisive. La loi a donc, sous un double rapport, effet rétroactif.

Par surcroît, à cette courte période, choisie pour construire ce soi-disant absentéisme, nombre de Hongrois, décidés de maintenir leur nationalité hongroise même au cas d'une annexion de ces territoires par la Roumanie, étaient réellement absents de ces territoires qui étaient en effet leur « patrie », mais pas encore celle des Roumains, comme le texte de la loi rétroactive le ferait croire. Car cette période coïncide merveilleusement avec l'occupation soudaine de ces territoires par les troupes roumaines après la conclusion du traité d'armistice (le 3, respectivement le 13 novembre 1918), occupation hostile, devant laquelle des masses de Hongrois étaient en fuite.

Nombre d'autres dispositions de cette loi agraire sont pareilles à celle-ci ou presque.

Les dispositions de l'article 6, § c), de ladite loi, frappant soi-disant les absents, furent appliquées par les organes exécutifs de l'État Roumain aussi à l'immeuble en question du requérant, resté ressortissant hongrois.

A la place du requérant, l'État roumain fut inscrit comme propriétaire dudit immeuble dans les livres fonciers. Cette transcription signifie pour le requérant, selon le système foncier encore en vigueur dans les anciens territoires hongrois, la perte totale de son droit de propriété sur ledit immeuble. Elle est une **« mesure de disposition »** aux termes du Traité de Paix de Trianon, article 232, Annexe § 3.

En échange, une indemnité est promise au requérant en vertu de dispositions assez compliquées de la même Loi agraire qui, payée en bons sur l'État, espèce d'un emprunt forcé, tout compte fait, atteint à peine « un » pour cent de la valeur réelle de la propriété enlevée. Soit dit à part, même cette somme minuscule — ironie d'une indemnité — ne fut encore payée au requérant.

Il est vrai que l'État Roumain non plus n'a pas encore distribué et donné en propriété à des tiers l'immeuble en question.

Néanmoins, de fait et de droit, il ne reste plus *rien* au requérant de son immeuble.

Encore est-il incertain, si l'état de choses ne se trouvera pas empiré encore pour le requérant à l'avenir, même d'ici jusqu'au moment de l'entrée de sa requête au Secrétariat du Tribunal, vu que les procédés de dépossession poursuivis par l'État Roumain dans les cadres de sa soi-disant réforme agraire continuent leurs cours.

Par surplus, même la nouvelle Constitution du Royaume de Roumanie, promulguée le 29 mars 1923, dans le N° 282 du Monitorul Oficial, contient à son article 18 une nouvelle menace à la propriété immobilière des étrangers sous la forme de la disposition suivante : « A n'importe quel titre, seuls les Roumains peuvent acquérir et **peuvent conserver** en Roumanie des biens ruraux. Les étrangers n'auront droit qu'à une indemnité. » Inutile de dire que cette indemnité sera dérisoire, si elle est calculée de la manière adoptée par la loi agraire. Du reste, l'indemnité, si équitable qu'elle soit, n'est pas identique à la propriété en nature. En tout cas, c'est une menace par voie législative d'une autre **« mesure de disposition »** à appliquer à l'avenir.

Voici les faits principaux.

Réserve est faite de les compléter, développer, éventuellement rectifier dans les détails, et de les prouver en cas de contestation par le défendeur.

Sur ce dernier point, le requérant se permet d'aviser d'ores et déjà le Tribunal que probablement il ne sera pas toujours en état de fournir lui-même les preuves qui seraient désirables, puisque celles-ci se trouvent pour une grande partie non seulement à des distances inabordables pour le requérant, vu son *domicile en Hongrie*, mais aussi et surtout puisqu'elles se trouvent sous les dispositions du défendeur.

En général, le requérant doit remarquer que — vu d'une part l'éloignement des lieux où les faits se passent, et d'autre part la variation des faits due à la circonstance que la réforme agraire de la Roumanie se trouve en voie de réalisation ou mieux dit en effervescence, et les différentes instances annulent et réforment souvent leurs décisions, dont une partie reste quelquefois même sans exécution, tandis que les autres fois l'exécution avance et surpasse même les décisions — l'établissement exact des faits et leur preuve présenteront plus d'une fois quelques difficultés, mais point insurmontables avec l'aide et assistance du Tribunal.

EN DROIT :

Le requérant a l'honneur d'attirer l'attention du Tribunal sur l'article 250 du Traité de Paix de Trianon qui contient en toute lettre la disposition suivante : **« les biens, droits et intérêts des ressortissants hongrois ou des sociétés contrôlées par eux, situées sur les territoires de l'ancienne monarchie austro-hongroise, ne seront pas sujets à saisie ou liquidation. »**

Il contient en outre **« Ces biens, droits et intérêts seront restitués aux ayants-droit, libérés de toute mesure de ce genre ou de toute autre mesure de disposition, d'administration forcée ou de séquestre prises depuis le 3 novembre 1918 jusqu'à la mise en vigueur du présent Traité. »**

Il ordonne même qu' : **« Ils seront restitués dans l'état où ils se trouvaient avant l'application des mesures en question. »**

Et son alinéa 3 porte que : **« Les réclamations qui pourraient être introduites par les ressortissants hongrois en vertu du présent article, seront soumises au Tribunal arbitral mixte prévu à l'article 239. »**

Ce Tribunal arbitral mixte est celui auquel le requérant a l'honneur de s'adresser.

Mais aussi les autres stipulations de cet article 250 ne sont que trop claires. Elles n'ont point besoin de longs commentaires.

Il est certain qu'elles veulent garantir expressément aux ressortissants hongrois le respect de leurs biens, droits et intérêts restés sur les territoires transférés. Leur but est de ménager, au possible, la situation économique privée des anciens ressortissants du Royaume de Hongrie, respectivement des États de la Monarchie Austro-Hongroise dissoute, même de ceux, ou précisément de ceux dont les biens restent désormais en dehors des frontières de leur patrie.

De là les droits expressément garantis par les Traités. Des dispositions analogues se trouvent à l'article 63, alinéa 4, du Traité de Paix de Trianon, de même qu'aux articles 267 et 78, alinéa 4 du Traité de Saint-Germain-en-Laye, conclu avec l'Autriche, également démembrée.

Au fond, ces droits ne diffèrent guère des droits que les principes généraux du Droit public international, reconnus jusqu'ici à l'unanimité entre Etats civilisés, confèrent à tous les étrangers en matière de propriété privée. Et s'ils en diffèrent tout de même dans les détails, ou bien si ces principes, hors discussion autrefois, se trouvent ternis depuis des temps tout récents, il suffit à l'existence de ces droits en l'espèce — à leur existence indubitable malgré tout — **qu'ils sont garantis en faveur de leurs bénéficiaires expressément dans les Traités, et qu'ils ont leurs bonnes raisons d'existence.**

PAR CES MOTIFS :

Le requérant a l'honneur de conclure et demander qu'il plaise au Tribunal :

1. Dire et déclarer que les mesures restrictives du droit de propriété, appliquées à l'immeuble du requérant par l'Etat Roumain — par son pouvoir législatif, judiciaire ou administratif, n'importe — sont contraires aux stipulations de l'article 250 du Traité de Paix de Trianon, et par conséquent elles les violent.

2. Condamner, dès lors, l'Etat Roumain à restituer au requérant l'immeuble en question, libre de toutes mesures restrictives du droit de propriété ayant caractère confiscatoire ou spoliateur, dans l'état où il se trouvait avant l'application de telles mesures ; rétablir l'état antérieur aussi dans les livres fonciers.

3. Condamner, en outre, l'Etat Roumain à payer indemnité complète au requérant pour les détériorations et la privation de jouissance de l'immeuble durant sa soustraction, de même que pour les frais et débours encourus par le requérant par suite des mesures indûment appliquées.

4. Subsidiairement, pour le cas où il serait prouvé péremptoirement au procès que l'immeuble ou quelques-unes de ses parties, respectivement quelques-uns de ses accessoires ne peuvent être restitués par impossibilité, condamner l'Etat Roumain à payer également indemnité complète au requérant pour les objets faisant défaut.

5. Etablir toutes les fois le montant des indemnités **ex æquo et bono,** prenant en considération toutes les circonstances de l'espèce ; et en tout cas jusqu'à concurrence des sommes qui seront justifiées au cours du procès.

6. En tout état de cause, condamner l'Etat Roumain en tous frais et dépens tant de la présente instance que de toutes autres qui auraient été ou qui seraient imposées au requérant par suite des mesures en question prises par lui contre l'immeuble.

7. Vu le péril en la demeure, faire usage de son droit assuré à l'article 29 de son Règlement de Procédure au sujet des mesures conservatoires, et engager l'Etat Roumain de surseoir sans délai à l'exécution de toutes mesures restrictives concernant l'immeuble en cause.

Budapest, le 13 décembre 1923.

(Signé) *Baronne ELEK NOPCSA.*
née de Coudekerque-Lambrecht.

Vu par le soussigné agent du Gouvernement hongrois, qui par sa signature confirme la nationalité hongroise et l'état d'indigence de la requérante, et accepte sa représentation au procès.

(Signé) L. GAJZÁGÓ.

Au

Tribunal arbitral mixte hungaro-roumain

Paris.

REQUÊTE[1]

des

héritiers du Docteur Simon de Lukács et de Mme veuve Géza de Hoffmann, née Pauline de Lukács, ressortissants hongrois, demeurant à *Budapest, les premiers, 1, rue Alagut, la deuxième 3, rue Döbrentei,* représentés par *les Agents du Gouvernement hongrois,*

contre

L'ÉTAT ROUMAIN.

Les requérants se réclament du bénéfice de l'assistance judiciaire, en vertu de l'article 78 du Règlement de procédure du Tribunal, à raison de leur état d'indigence, dû précisément à la saisie et à l'enlèvement de leurs biens immobiliers par l'Etat Roumain, dont ils font l'objet de leur plainte, comme il suit :

EN FAIT :

Les requérants étaient propriétaires d'un immeuble bâti, consistant en deux maisons contenant 12 pièces, respectivement la grande salle, 3 chambres et des locaux accessoires, entourées d'un terrain, le tout sis à Zalatna (Comitat Alsó-Fehér), inscrit dans les livres fonciers respectifs, sous le N° 448, numéros topographiques 1209-1211 et ayant une étendue totale de 1 jugar cadastral et 1091 toises carrées (un jugar cadastral = 0.5754 hectare) et une valeur approximative de 80.000 anciennes couronnes austro-hongroises or.

Zalatna est situé dans les territoires ayant fait partie de la Hongrie, respectivement de la Monarchie Austro-Hongroise, mais ayant été transférés aux termes du Traité de Paix de Trianon à l'Etat Roumain.

Le nouveau maître vient de frapper l'immeuble susindiqué des requérants de mesures restrictives de droit de propriété, en tant que les maisons qui ont été données à bail à partir du 5 février 1918 à « Felsőmagyarországi Bányatársulat », furent expropriées vers la mi-septembre de l'année courante, bien que situées dans l'enceinte de la ville, dans le cadre de la réalisation d'une soi-disant réforme agraire, à la demande du Conseil scolaire à Zalatna aux fins de l'installation d'une école communale de filles. La décision d'expropriation a été prise par le Comité agraire roumain de 2e instance, l'autorité de 1er instance ayant refusé la demande de l'expropriation présentée par le susdit Conseil. Le terrain y afférant fut exproprié en même temps.

C'est une expropriation bien singulière ; si cachée qu'elle soit, c'est une « mesure de disposition » prévue dans le Traité de Paix de Trianon à l'article 232, Annexe § 3.

Quant aux motifs avoués de l'expropriation, la décision y relative n'ayant pas été notifiée aux requérants, ils savent seulement par oui-dire qu'elle est basée sur l'article 40 de la loi agraire roumaine, ayant vigueur en Transylvanie, qui contient la disposition suivante : « Des terres expropriées, l'Etat peut se réserver la superficie nécessaire pour les besoins d'intérêt général, culturel, économique, social, militaire, **pédagogique,** *etc. Pour la construction d'écoles et d'églises, dans les communes rurales, on pourra exproprier jusqu'à 2 jugars au plus, toute sorte de terrain ».*

C'est un programme, sans doute, un peu trop chargé pour une simple réforme agraire.

N'importe! La disposition en question de la loi fut appliquée aux requérants et en alléguant l'article 40, l'Etat Roumain les dépouilla de la totalité de leurs immeubles sans leur accorder une indemnité. Du reste, l'indemnité, si équitable qu'elle soit, n'est pas identique à la propriété en nature.

Les requérants croient nécessaire d'attirer l'attention du Tribunal sur ce fait qu'ils sont propriétaires de l'immeuble par succession légale, l'immeuble exproprié ayant appartenu depuis plus d'un siècle à leur famille.

---

(1) **Déposée au Secrétariat du Tribunal, le 13 janvier 1925.**

Ils se permettent de faire remarquer encore que déjà leurs aïeux ont dû souffrir des violences de la part des envahisseurs roumains en 1849, époque où la commune de Zalatna fut entièrement incendiée et leurs arrière-grands parents ainsi que 6 enfants furent massacrés par les Roumains.

Voici les faits principaux :

Réserve est faite de les compléter, développer, éventuellement rectifier dans les détails, et de les prouver en cas de contestation par le défendeur.

Sur ce dernier point, les requérants se permettent d'aviser d'ores et déjà le Tribunal que probablement ils ne seront pas toujours en état de fournir eux-mêmes les preuves qui seraient désirables, puisque celles-ci se trouvent pour une grande partie non seulement à des distances inabordables pour les requérants vu leurs *domiciles à Budapest*, mais aussi et surtout puisqu'elles se trouvent sous les dispositions du défendeur.

En général, les requérants doivent remarquer que — vu d'une part l'éloignement des lieux où les faits se passent, et d'autre part la variation des faits due à la circonstance que la réforme agraire de la Roumanie se trouve en voie de réalisation ou mieux dit en effervescence et les différentes instances annulent et réforment souvent leurs décisions, dont une partie reste quelquefois même sans exécution, tandis que les autres fois l'exécution avance et surpasse même les décisions — l'établissement exact des faits et leur preuve présenteront plus d'une fois quelques difficultés, mais point insurmontables avec l'aide et assistance du Tribunal.

EN DROIT :

Les requérants ont l'honneur d'attirer l'attention du Tribunal sur l'article 250 du Traité de Paix de Trianon qui contient en toute lettre la disposition suivante : **« les biens, droits et intérêts des ressortissants hongrois ou des sociétés contrôlées par eux, situées sur les territoires de l'ancienne monarchie austro-hongroise, ne seront pas sujets à saisie ou liquidation ».**

Il contient en outre : **« Ces biens, droits et intérêts seront restitués aux ayants-droit, libérés de toute mesure de ce genre ou de toute autre mesure de disposition, d'administration forcée ou de séquestre prises depuis le 3 novembre 1918 jusqu'à la mise en vigueur du présent Traité. »**

Il ordonne même qu': **« Ils seront restitués dans l'état où ils se trouvaient avant l'application des mesures en question. »**

Et son alinéa 3 porte que : **« Les réclamations qui pourraient être introduites par les ressortissants hongrois en vertu du présent article, seront soumises au Tribunal arbitral mixte prévu à l'article 239. »**

Ce Tribunal arbitral mixte est celui auquel les requérants ont l'honneur de s'adresser.

Mais aussi les autres stipulations de cet article 250 ne sont que trop claires. Elles n'ont point besoin de longs commentaires.

Il est certain qu'elles veulent garantir expressément aux ressortissants hongrois le respect de leurs biens, droits et intérêts restés sur les territoires transférés. Leur but est de ménager, au possible, la situation économique privée des anciens ressortissants du Royaume de Hongrie, respectivement des États de la Monarchie Austro-Hongroise dissoute, même de ceux, ou précisément de ceux, dont les biens restent désormais en dehors des frontières de leur patrie.

De là les droits expressément garantis par les Traités. Des dispositions analogues se trouvent à l'article 63, alinéa 4 du Traité de Paix de Trianon, de même qu'aux articles 267 et 78, alinéa 4 du Traité de Saint-Germain-en-Laye, conclu avec l'Autriche, également démembrée.

Au fond, ces droits ne diffèrent guère des droits que les principes généraux du Droit public international, reconnus jusqu'ici à l'unanimité entre États civilisés, confèrent à tous les étrangers en matière de propriété privée. Et s'ils en diffèrent tout de même dans les détails, ou bien si ces principes, hors discussion autrefois, se trouvent ternis depuis des temps tout récents, il suffit à l'existence de ces droits en l'espèce — à leur existence indubitable malgré tout — **qu'ils sont garantis en faveur de leurs bénéficiaires expressément dans les Traités, et qu'ils ont leurs bonnes raisons d'existence.**

PAR CES MOTIFS :

Les requérants ont l'honneur de conclure et demander qu'il plaise au Tribunal :

1. Dire et déclarer que les mesures restrictives du droit de propriété, appliquées à l'immeuble des requérants par l'État Roumain — par son pouvoir législatif, judiciaire ou administratif, n'importe — sont contraires aux stipulations de l'article 250 du Traité de Paix de Trianon, et par conséquent elles les violent.

2. Condamner, dès lors, l'État Roumain à restituer aux requérants l'immeuble en question, libre de toutes mesures restrictives du droit de propriété ayant caractère confiscatoire ou spoliateur, dans l'état où il se trouvait avant l'application de telles mesures : rétablir l'état antérieur aussi dans les livres fonciers.

3. Condamner, en outre, l'État Roumain à payer indemnité complète aux requérants pour les détériorations et la privation de jouissance de l'immeuble durant sa soustraction, de même que pour les frais et débours encourus par les requérants par suite des mesures indûment appliquées.

4. Subsidiairement, pour le cas où il serait prouvé péremptoirement au procès que l'immeuble ou quelques-unes de ses parties, respectivement quelques-uns de ses accessoires,

ne peuvent être restitués par impossibilité, condamner l'État Roumain à payer également indemnité complète aux requérants pour les objets faisant défaut.

5. Etablir toutes les fois le montant des indemnités **ex æquo et bono,** prenant en considération toutes les circonstances de l'espèce ; et en tout cas jusqu'à concurrence des sommes qui seront justifiées au cours du procès.

6. En tout état de cause, condamner l'État Roumain en tous frais et dépens tant de la présente instance que de toutes autres qui auraient été ou qui seraient imposées aux requérants par suite des mesures en question prises par lui contre l'immeuble.

7. Vu le péril en la demeure, faire usage de son droit assuré à l'article 29 de son Règlement de Procédure au sujet des mesures conservatoires, et engager l'État Roumain de surseoir sans délai à l'exécution de toutes mesures restrictives concernant l'immeuble en cause.

Budapest, le 27 décembre 1924.

(Signé) *Mme Simon LUKÁCS,*
Mme Géza Hoffmann,
née Pauline Lukács.

Vu par le soussigné agent du Gouvernement hongrois, qui par sa signature confirme la nationalité hongroise et l'état d'indigence des requérants, et accepte leur représentation au procès.

(Signé) L. GAJZÁGÓ.

Au
Tribunal arbitral mixte hungaro-roumain

Paris.

57, rue de Varenne

REQUÊTE[1]

de

Mme la Comtesse Nicolas Széchen, née Jeanne Mikes, ressortissante hongroise, propriétaire, épouse de M. le Comte Nicolas Széchen, ancien ambassadeur d'Autriche-Hongrie, demeurant à Nagyczenk, département Sopron (Hongrie), représentée par les avocats Charles Császár (Budapest, V., 32, Nádor-utca) et Jules Lakatos (Budapest, VI., 2, Andrássy-ut),

contre

LE ROYAUME DE ROUMANIE.

I

La demanderesse est d'après le certificat du Ministre royal hongrois de l'Intérieur, N° 7704/1922, 11. c. (*voir l'Annexe 1*), en vertu du Traité de Paix de Trianon, sujette hongroise.

La demanderesse est propriétaire de trois immeubles situés dans les départements de Tordaaranyos et Kolozs, territoires transférés, en vertu du Traité de Trianon, de la Hongrie à la Roumanie.

L'immeuble de Tordaszentlászló est inscrit dans les livres fonciers de Tordaszentlászló sous les Nos 52, 290, 376 et 493/1, sa superficie est de 1.330 jugars, celui de Oláhrákos est contenu dans les livres fonciers de Oláhrákos sous le N° 60, ayant 298 jugars, tandis que l'immeuble de Budateleke est inscrit dans les livres fonciers de la commune Budateleke sous les Nos 22, 66, 156, 170 et 267 ayant une étendue de 1.190 jugars. La superficie totale de la propriété de la demanderesse est d'environ 2.818 jugars cadastraux (un jugar cadastral = 0.54 hectare).

Les trois immeubles appartiennent à la demanderesse aux termes d'un acte de donation de sa mère qui a dans cet acte réservé l'usufruit pour elle-même, sans que cette servitude ait été inscrite dans les livres fonciers.

Les immeubles de Tordaszentlászló et de Oláhrákos étaient administrés dans leur plus grande partie par la propriétaire, l'immeuble de Budateleke est affermé.

Le territoire sur lequel la propriété de la demanderesse est située fut après la signature du traité de l'armistice occupé par l'armée roumaine et plus tard, en vertu du Traité de Trianon, mis en vigueur le 26 juillet 1921, transféré au royaume de Roumanie.

Le Gouvernement roumain a déjà au cours de l'année 1919 par décrets généraux défendu l'aliénation des terres et leur engagement hypothécaire. A partir de l'émanation de ces décrets la demanderesse a déjà perdu la libre disposition de sa propriété.

Plus tard, en 1921, le Parlement de la Roumanie a voté « la loi agraire, en vigueur dans la Transylvanie, le Banat, dans les régions de Körös et de Mármaros », publiée le 30 juillet 1921 dans le « Monitorul Oficial ». Par application de cette loi et des ordonnances rendues en son exécution, la demanderesse fut définitivement privée de ses biens immobiliers.

Les mesures particulières prises par le Gouvernement roumain à l'égard des terres de la demanderesse, sont les suivantes :

En conformité de ladite loi, la procédure d'expropriation fut ouverte concernant la propriété de la demanderesse et en vertu de la loi agraire l'inscription sur les livres fonciers du droit d'expropriation au profit de l'Etat Roumain fut ordonnée.

Ensuite, les dispositions suivantes furent rendues :

a) *Tordaszentlászló.* — La Commission d'expropriation et de distribution de terres de l'arrondissement Alsójara (Jara de Jos) a rendu sous le N° 2/1922 R. A., en date du 21 août 1922 (*voir l'Annexe 2*) une décision dans laquelle elle déclare comme expropriés, au profit de l'Etat

(1) Déposée au Secrétariat du Tribunal, le 29 décembre 1923.

Roumain, 1.326 jugars de la superficie totale de 1.337 jugars, par les motifs que la demanderesse doit être considérée comme absente, par suite, sa propriété rurale est sujette entièrement à l'expropriation aux termes de l'article 6 de la loi agraire. La même décision a fixé l'indemnité d'expropriation pour les terres arables à 300-600 lei par jugar, pour le pré à 200-300 lei, pour la forêt à 300-700 lei, pour le pâturage à 400 lei.

L'appel interjeté de cette décision fut, par la Commission départementale d'expropriation et de distribution de terres de Torda, rejeté et avec la décision rendue le 2 octobre 1922, sous le N° C. 859/1922, la décision de première instance a été confirmée.

b) *Oláhrákos.* — La Commission d'expropriation et de distribution de terres de l'arrondissement de Alsójára a, sous le N° 2/1921 R. A., en date du 23 août 1922 (*voir l'Annexe 4*), exproprié cet immeuble, se servant des mêmes motifs que la décision ci-dessus mentionnée. Les prix d'expropriation furent fixés à 200-600 lei par jugar.

La Commission départementale d'expropriation de Torda a rejeté également l'appel interjeté de cette décision, et, par sa décision prise sous le N° C. 859/1922 (*voir l'Annexe 3*), la décision de la première instance fut confirmée.

c) *Budateleke.* — La Commission d'expropriation et de distribution de terres de l'arrondissement de Mócs a déclaré l'expropriation de la plus grande partie de cet immeuble, c'est-à-dire de 1.170 jugars, par la décision rendue sous le N° 117, R. A. 1923, en date du 28 janvier 1923 (*voir l'Annexe 5*), en ne libérant de l'expropriation que quelques petites parcelles d'une superficie totale de 15 jugars, attendu que la demanderesse les a déjà antérieurement aliénées. Cette décision a fixé l'indemnité d'expropriation à 650-800 lei par jugar pour les terres arables, à 800-1.000 lei pour le pré, à 250-450 lei pour le pâturage et à 800 lei pour la forêt.

Sur l'appel interjeté de cette décision, la Commission IIe départementale d'expropriation de Kolozs l'a modifiée en partie par sa décision rendue sous le N° V., 7 R. A. 59, E/5-1923, le 20 avril 1923 (*voir l'Annexe 6*), en libérant de l'expropriation encore deux petites parcelles d'une superficie de 2 jugars, lesquelles furent déjà antérieurement aliénées par la demanderesse, mais confirmant le reste des dispositions de la décision de première instance.

Comme l'indemnité fixée dans ces décisions ne correspond qu'à, tout au plus, 1-2 % de la valeur réelle des terres expropriées, cette manière de l'expropriation équivaut à la confiscation.

Par suite des décisions précitées les immeubles furent effectivement enlevés à la demanderesse, à laquelle même l'indemnité minime fixée par les Commissions ne fut pas payée jusqu'ici.

II

La loi roumaine concernant la réforme agraire, ainsi que les mesures prises en appréciation de ladite loi, en suite desquelles la demanderesse fut privée de la possession de ses biens, constituent une infraction au Traité de Trianon, l'article 250 dudit Traité déclarant que les biens, droits et intérêts des ressortissants hongrois, situés sur les territoires de l'ancienne monarchie austro-hongroise seront libres de toute saisie ou liquidation, et devront être restitués aux ayants-droit, libérés de toutes mesures de disposition, d'administration forcée ou de séquestre.

En conséquence les mesures énumérées plus haut, prises par les autorités roumaines, ne peuvent avoir effet contre la demanderesse.

Comme les biens, droits et intérêts doivent être restitués aux ayants-droit dans le même état où ils se trouvaient avant l'application de ces mesures, la réclamation de la demanderesse — au terme de l'article 250 du Traité de Trianon dûment soumise au Tribunal arbitral mixte — est fondée en droit.

III

En conséquence des arguments ci-dessus exposés, la demanderesse requiert :

1° Qu'il plaise au Tribunal arbitral mixte : dire et déclarer que le Royaume de Roumanie est tenu dans un délai de 30 jours de restituer les immeubles inscrits dans les livres fonciers des communes de Tordaszentlászló, sous les N°s 52, 290, 376 et 493/1, de Oláhrákos sous le N° 60 et de Budateleke sous les N°s 22, 66, 156, 170 et 267, dans la pleine et entière possession de la demanderesse, libres de toutes mesures restrictives, dans le même état où ces immeubles se trouvaient avant l'application de ces mesures ; que, de plus, il est tenu de procéder à la radiation des inscriptions portées dans les livres fonciers, au sujet de l'expropriation de ces immeubles, enfin, qu'il soit condamné aux frais et aux dépens.

Subsidiairement :

2° Dans le cas où il serait établi au procès, que la restitution des immeubles à la demanderesse dans le même état où ils se trouvaient antérieurement à toutes mesures restrictives est devenu impossible, qu'il plaise au Tribunal arbitral mixte dire et déclarer que le Royaume de Roumanie sera tenu de payer à la demanderesse pour les immeubles non restituables une indemnité pleine et entière, à fixer par le Tribunal sur la base de la valeur réelle.

IV

Bordereau des pièces annexes (jointes à la requête en original et en traduction française, et aux copies de la requête seulement en traduction française).

Annexe 1. — Certificat du Ministre royal hongrois de l'Intérieur, sous le N° 7704/1922, II. c.

Annexe 2. — Décision de la Commission d'expropriation et de distribution de terres de l'arrondissement de Alsójára, sous le N° 2/1922 R. A.

Annexe 3. — Décision de la Commission départementale d'expropriation et de distribution de terres de Torda, sous le N° C. 859/1922.

Annexe 4. — Décision de la Commission d'expropriation et de distribution de terres de l'arrondissement de Alsójára, sous le N° 2/1921 R. A.

Annexe 5. — Décision de la Commission d'expropriation et de distribution de terres de l'arrondissement de Mócs, sous le N° 117, R. A./1923.

Annexe 6. — Décision de la Commission départementale IIe d'expropriation de Kolozs, sous le N° V. 7., R. A. 59 E/5-1923.

Annexe 7. — Procuration pour les avocats.

Budapest, le 30 novembre 1923.

(Signé) Mme la Comtesse Nicolas SZÉCHEN,
née Jeanne Mikes.

(Signé) Ch. CSÁSZÁR, Jules LAKATOS,
Avocats.

ANNEXES

I

TRADUCTION FRANÇAISE

Le Ministère de l'Intérieur
ad 7704/1922
11/c.

Comte Nicolas Széchen c. Royaume de Roumanie.

Enregistré sous le N° 77.

CERTIFICAT DE NATIONALITÉ

Sur la base des données authentiques qui sont à ma disposition je certifie que M. le Comte Nicolas Széchen, ancien ambassadeur, né à Vienne en 1857, résidant à Nagy Czenk et indigène à Pressbourg, par sa lettre enregistrée le 12 janvier 1922, a déclaré qu'en vertu des dispositions respectives du Traité de Paix de Trianon il désire maintenir sa nationalité hongroise.

Aux termes de l'article 12 du Décret gouvernemental N° 6500/1921 je constate l'existence des conditions nécessaires pour que le requérant puisse opter, et par conséquent, reconnais qu'il est ressortissant hongrois.

Aux termes de l'article 9 du Décret gouvernemental N° 6500/1921 cette option entraîne aussi celle de la femme du susnommé, la comtesse Jeanne Mikes, née à Kolozsvár en 1866.

Budapest, le 7 avril 1922.

Par ordre du Ministre :
Signature : Illisible

Cette copie, qui est de tous points conforme à l'original et munie d'un timbre de K. 10, a été délivrée le 17 mars 1923.

II

TRADUCTION FRANÇAISE.

N° 2—922. R. A.

Comtesse Széchen c. Royaume de Roumanie.

PROCÈS-VERBAL

dressé le 21 août 1922 à la Mairie de Savidisla au sujet de l'expropriation par la Commission d'arrondissement de Jara de jougs des terres situées auprès de la commune et appartenant à Mme la comtesse Nicholas Széchen, née Jeanne Mikes.

Sont présents :

Dr. Michel Kövess, président, Jean Kozma, secrétaire, Romul Almasan, inspecteur économique d'arrondissement, Romul Dobrin, délégué ministériel, de la part de la propriétaire : Jean Ravai (habitant à Kolozsvár, rue Vlaciu Aurél 4) qui s'est légitimé par l'autorisation annexée aux actes ; de la part de l'autorité communale Alexandre Paldeak, notaire, Andree Mátyás, juge communal, de la part des villageois Jean Santa Gebe, Jean-Pierre Mátyás, qui, les conséquences légales leur ayant été exposées, ont prêté serment.

On constate la justesse des procédés ainsi que le fait que la propriétaire et les magistrats communaux ont été assignés conformément à l'article 99 des règlements.

Il a été en outre établi que la propriétaire est « absente » et, au dire des citoyens délégués par les autorités municipales et les villageois, depuis 1916 n'habite pas dans le département mais en Hongrie.

Le représentant de la propriétaire déclare par contre que sa cliente n'est absente que depuis le mois d'octobre 1918 et même pendant cette période elle a fait à deux reprises de courts séjours sur ses terres.

Il a été établi préalablement que la propriété comprend les numéros du Livre foncier 52, 290 et e/50/2 dans leur intégrité et comporte une étendue de 1337 jugars 718 toises dont :

I. — 11 jugars 13 toises bâtiments avec leurs tenants et aboutissants ; la partie enregistrée sous les numéros cadastraux 149/2 et e/50/2 et sous le numéro 491/1 du Livre foncier de Torda Szent László n'est pas couverte de constructions.

II. — Terres arables	129 jugars	223 toises.
III. — Prés	43 »	727 »
IV. — Pâturages	162 »	742 »
V. — Forêts	984 »	663 »
VI. — Territoires stériles	7 »	240 »
Au total	1.337 jugars	718 toises.

En ce qui concerne les prix, il a été établi par un commun accord des parties intéressées que les terres sont de deux qualités : 2/3 sont de 1re et 1/3 de 2e classe ; les prés sont de la même classe, les pâturages appartiennent à deux classes par parts égales.

300 jugars de forêts sont âgés de 1 à 5 ans, le reste est âgé de 20 à 50 ans.

Quant à la valeur des terres arables, les parties intéressées n'ont pas pu tomber d'accord, parce que le représentant de la propriétaire a mis en avant qu'un jugar de 1re classe était de K 800 et de 2e classe K 400, tandis que les représentants des villageois ont établi K 400 pour la 1re classe et K 200 pour la 2e classe ; les prés ont été évalués par un commun accord à K 400 par jugar ; les pâturages de 1re classe à K 300, ceux de 2e classe à K 200 par jugar. Les forêts de coupe récente ont été évaluées à K 300, celles plus âgées à K 600 par jugar tout en tenant compte de la déclaration du représentant de la propriétaire que les forêts âgées de plus de 25 ans valaient de 50 % plus que les forêts de 20 à 25 ans.

Les représentants des villageois demandent que la propriété soit expropriée dans l'intérêt de la commune en tenant compte du fait que les fermiers aux confins de la commune possèdent des forêts d'une étendue de 529 jugars et des pâturages d'une étendue de 156 jugars dont cependant aucun emploi ne peut être fait, à cause de la qualité inférieure de ces pâturages.

Il a été ensuite établi que la commune est habitée par 600 familles, c'est-à-dire tel est le nombre des chefs de familles. Puisqu'il n'y avait plus d'interpellation, le débat a été terminé et la décision suivante a été prononcée :

DÉCISION :

Au nom de la loi :

Il sera expropriée dans son intégrité la propriété appartenant à Mme la comtesse Nicholas Széchen, née Jeanne Mikes, et notamment : 129 jugars 233 toises de terres arables enregistrées au Livre foncier de Torda Szt. László N° 32, 43 jugars 727 toises de prés, 162 jugars 742 toises de pâturages, 984 jugars 363 toises de forêts, 7 jugars 240 toises de terres stériles, 271 toises occupées par des maisons avec leurs tenants et aboutissants, le tout enregistré au Livre foncier de Torda Szt. László, sous les numéros parcellaires 493/1, 149/2 et 150/2. Ils resteront exempts de l'expropriation les bâtiments avec tenants et aboutissants enregistrés sous les numéros parcellaires 94, 95/3, 2 et sous le N° 390 cadastral du Livre foncier de Torda Szt. László, et les bâtiments avec leurs entourages enregistrés sous les numéros parcellaires 91, 92, 93, 141, 142, 167, 168, 169 et 170 du Livre foncier N° 52 de Torda Szt. László.

Les territoires expropriés sont enregistrés au Livre foncier de la commune Savadisla sous les Nos 52, 4, 26, 376 et 493/1.

Le prix des terres arables de 1re classe a été fixé à Lei 600, celui des terres de 2e classe à Lei 300, celui des prés à Lei 400, celui des pâturages de 1re classe à Lei 400, celui de la 2e classe à Lei 200, celui des forêts de 1 à 5 ans à Lei 300, celui des vieilles forêts à Lei 700 par jugar. Le prix du territoire de 271 toises formant l'entourage des maisons a été établi à Lei 800.

MOTIVATION.

En ce qui concerne l'expropriation on a procédé conformément à l'article 6.

Pour ce qui est des prix on a tenu compte de l'accord mutuel des parties intéressées et du prix moyen qui se pratique également à l'occasion des ventes de terres.

La décision a été prononcée à l'unanimité et communication en a été donnée par affiche.

Le procès verbal après avoir été lu et interprété en hongrois a été clos à 18 h. 30.

Dr. Michel KŐVESS, président m. p.
Romul ALMASAN, inspecteur économique m. p.
Jean KOZMA, secrétaire,
Romul DOBRIN, délégué ministériel,
Signature : Illisible, notaire.

Pour l'authenticité :
Savidisla, le 22 août 1922.

III

TRADUCTION FRANÇAISE.

Commission départementale d'expropriation et d'incorporation à Torda.

N° C. 859/1922 **Comtesse Széchen c. Royaume de Roumanie.**

Il a été étudié l'appel fait par Mme la comtesse Nicholas Széchen et veuve Mme la comtesse Nicholas Mikes, au sujet de la décision du 21 et 23 VIII 1923 de la Commission d'arrondissement de Alsójárás expropriant leurs terres.

Il a été établi que le jour fixé pour les débats a été communiqué aux termes de l'article 76 par affiche et que l'appel a été présenté en temps utile.

Ayant pris en considération l'appel présenté par écrit ainsi que les objections mises en avant par le représentant de la propriétaire et dont mention a été faite au procès-verbal de la séance, la Commission, au nom de la loi, a pris la décision suivante :

Elle approuve les décisions d'expropriation prises par la Commission d'arrondissement concernant les terres de Mme la comtesse Nicholas Széchen et veuve Mme la comtesse Nicholas Mikes, situées à Torda-Szt. László et à Oláh Rákos.

MOTIVATION

De l'interprétation du premier alinéa de l'article 6 de la loi qui est plus amplement exposé au deuxième alinéa, il ressort qu'aux termes de la loi agraire est considéré comme absent toute personne qui pendant la période du 1er décembre 1918 jusqu'à la mise en vigueur de la loi était absente du pays exceptés ceux qui avaient une mission officielle à l'étranger, qu'ils eussent ou non opté pour la nationalité hongroise.

Le Ministre par la circulaire qu'il a publiée n'a qu'interprété la loi d'une façon plus détaillée sans cependant la modifier en quoi que ce fût.

Le fait de l'absence conformément à la loi agraire est irrécusable, et par conséquent, il ne saurait être discuté à l'aide des articles du Code civil.

Le pacte que l'Etat roumain pourra conclure avec l'Etat hongrois au sujet des propriétés de ceux qui opteraient pour la nationalité hongroise ne pourra pas amener la Commission à déroger à la loi agraire qui en dispose autrement. D'ailleurs cette question n'a rien à voir avec les principes juridiques de la loi agraire. Elle ne peut être soulevée que dans les rapports d'Etat à Etat, parce qu'autrement l'Etat Roumain ne pourrait pas disposer des immeubles inscrits aux registres d'Etat si cette loi ne reposait pas sur des principes déterminés par des lois publiques en vertu desquelles la propriété de n'importe quel sujet peut être expropriée contre payement de l'équivalent en espèces.

La Commission — faute de contre-preuves suffisamment appuyées ou justifiées — a approuvé les mesures concernant les classements et l'évaluation.

Pour ce qui concerne les revendications exposées par l'appelante dans l'appel, la Commission — en considération surtout du fait qu'il a été légalement établi qu'il s'agit d'« absentes » — n'a pas manqué d'approuver les faits relevés par la Commission de l'instance les ayant trouvés bien motivés et justement appliqués.

Sur ces données la Commission a prononcé sa décision.

Torda, le 2 octobre 1922. Signature.

IV

Nº 2/1921 R. A. **Comtesse Széchen c. Royaume de Roumanie.**

PROCÈS-VERBAL.

dressé à la mairie de Oláhrákos, le 23 août 1922 par la Commission d'arrondissement d'expropriation et de distribution de terres au sujet de l'expropriation des terres de Mme la comtesse Nicholas Széchen, née Jeanne Mikes, situées aux confins de la commune.

Ont assisté : de la part de la commune Dr M. Köves, président, Jean Kozma, secrétaire, Romulus Almazan, agronome d'arrondissement, M. Romulusz Dobrin, délégué du Ministère d'Agriculture, de la part des propriétaires Jean Rávai et Jean Francisch, inspecteurs de la part des autorités municipales, Jean Ilea, juge, de la part des villageois Gavril Hodrea, Ladislas Hodrea.

Il a été établi que les procédés étaient réguliers et que la propriétaire ainsi que les autorités communales ont été aux termes de l'article 99 assignés. Il a été établi en outre que la propriétaire est absente et que la propriété se trouve enregistrée au Livre foncier de Oláhrákos Nº 60 sous les numéros parcellaires 964 et 665 et consiste de 297 jugars 1.526 toises car. de forêts, dont 121 jugars sont des jeunes forêts de 1 à 5 ans, 50 jugars de 15 ans, 106 jugars de 20 à 30 ans et 20 jugars de 60 à 80 ans.

A l'occasion de la fixation des prix la Commission a pris en considération les renseignements qu'elle avait recueillis au cours de pourparlers à Tordaszentlászló puisqu'il s'agit de forêts pareilles de tous points à celles de Tordaszentlászló et parce que les exposés des parties concernant les prix étaient très divergents.

Les délégués municipaux demandent l'expropriation de la forêt en vue de la création d'une forêt communale et d'autre part demandent 400 jugars des forêts de M. le comte Mikes situées auprès de la commune de Tordaszentlászló en vue de la création d'un pâturage communal et communiquent à l'appui de leur demande que la commune n'a ni de forêts ni de pâturages, puisque les 291 jugars de forêts, 14 jugars de prés, ainsi que 3 jugars de pâturages qui sont indiqués sur les registres cadastraux comme appartenant à la commune, appartiennent en réalité aux anciens vassaux et que les habitants de la commune étaient dans le temps les vassaux du propriétaire actuel.

On a établi ensuite que dans la commune il y a 130 familles et les habitants s'occupent d'agriculture et d'élevage de bétail.

A défaut d'autres objets la Commission publie la décision suivante :

Les forêts situées aux confins de la commune Oláhrákos d'une étendue de 297 jugars 1.526 toises, enregistrées au Livre foncier de ladite commune Nº 60 sous les numéros parcellaires 964, 965 et appartenant à Mme la comtesse Nicholas Széchen, née Jeanne Mikes ont été expropriées dans leur intégrité.

Le prix des forêts de 1 à 5 ans a été fixé à Lei 200, celui des forêts de 15 ans à lei 400, tandis que celui des vieilles forêts de 20 ans à Lei 600, par jugar.

MOTIVATION.

A l'occasion de l'expropriation la Commission s'appuyait sur les dispositions de l'article 6 *c*) de la section 6 de la loi.

A la fixation des prix il a été pris en considération la qualité, la situation, l'âge des forêts, ainsi que le prix moyen qui se pratiquait sur les territoires pendant la période de 1908/13.

La décision a été prononcée à l'unanimité et aux termes de l'article 73 a été affichée.

Le procès-verbal, après lecture a été signé.

Signatures.

V

TRADUCTION FRANÇAISE.

Commission d'arrondissement d'expropriation de Mócs.

Nº 117 R. A. 1923 **Comtesse Széchen c. Royaume de Roumanie.**

Au nom de la loi.

La Commission d'arrondissement d'expropriation de Mócs a pris et publié au sujet de l'expropriation du domaine de Mme la comtesse Nicolas Széchen situé aux confins de la commune de Budatelek après avoir terminé les débats verbaux la décision suivante :

La Commission d'arrondissement exproprie les immeubles enregistrés au Livre foncier Nº 22 de la commune de Budatelek sous les numéros parcellaires : 1-38, 112, 239, 256, 310, 347, 438, 441, 443-50, 452-55, 457-491, 493, 494, 496-502, 503-510, 512-515, 541-543, 545-599, 652-662, 710-729, 744-746, 1169/1, 1169/2, 1452-1457, 1558-1564, 1606-1618, 207/1, 208, 1577-1579, 1580/6, 1584/a, 1586-1593, 1595, 1604, et les immeubles enregistrés au Livre foncier Nº 66, sous les numéros parcellaires : A I. 398, 350, 1546, 1547,

1547/a, 1548, 1551-1557, 1562, 1565-1571, 1576/a, ainsi que les immeubles enregistrés au Livre foncier N° 267 A, sous les numéros parcellaires 1548/a/1, 1549/1, 1550/1, 1551/a, 1551/b/1, 1571/b/1, 1573/1, 1574/1, 1575/1, 1580/2, 1580/a/2, 1582/2, 1583/2, 1584/2, 1585/2 d'une contenance de 1.169 jugars, 1.343 toises carrées, dont 4 jugars 571 toises maisons avec leurs tenants et aboutissants, 269 jugars 785 toises de terres arables, 47 jugars 573 toises de prés, 817 jugars 450 toises de pâturages, 5 jugars 53 toises ruisseau, 6 jugars 1.595 toises, 19 jugars 516 toises de forêts.

La Commission exonère de l'expropriation les immeubles enregistrés au Livre foncier N° 22 sous les numéros parcellaires A I. 100, 102, 176, 230-232, 267, 268, 333, 730, 731, au Livre foncier N° 66 sous les numéros parcellaires 75, 76, 154, 155, au Livre foncier N° 170/A sous les numéros parcellaires 187/2, 198/1, 199, 200/2, 200/1.

Le prix d'expropriation a été fixé à Lei 800 pour les terres arables appartenant à la 2e classe, à Lei 700 pour les terres de 3e classe, pour les terres de 4e classe à Lei 650, les prés de 1re classe à Lei 1.000, de 2e classe à Lei 950, la 3e classe à Lei 800, le prix des pâturages de 1re classe à Lei 450, de 2e classe à Lei 350, de 3e classe à Lei 300, de 4e classe à Lei 225, de 5e classe à Lei 225, le prix des terres appartenant aux tenants et aux aboutissants des maisons (classe 2) à Lei 1.000, le prix des forêts de 4 ans à Lei 600 par jugar. Le prix de la maison d'une pièce, enregistrée sous le numéro parcellaire 1169, a été établi à Lei 300.

L'immeuble enregistré sous le numéro parcellaire 239 a été exproprié pour compte de M. Pierre Moldovan pour Lei 400. L'immeuble enregistré sous le numéro parcellaire 256 pour compte de Mme veuve Rákóczy, M. Pierre Rákóczy et Janku Rákóczy pour Lei 175.

MOTIVATION.

Le domaine appartient à Mme Nicolas Széchen, née Mikes, est d'une superficie de 1.185 jugars, 1.080 toises carr. et est situé sur territoire collineux.

Attendu que le domaine pendant la période de 1904-1918 était toujours affermé suivant les témoignages des parties et même pendant 40 ans avant cette époque.

Attendu que la propriétaire était absente du pays du 1er décembre 1918 jusqu'à la mise en vigueur de la loi agraire sans avoir eu à l'étranger une mission quelconque, la Commission a exproprié le domaine aux termes de l'article c) du paragraphe 6 dans son intégrité, exceptés les immeubles susmentionnés, sur une partie desquels les acheteurs ont déjà construit une maison et sur lesquels l'acte hypothécaire a été produit par l'acheteur, attestant que le contrat a déjà été conclu et parce que les immeubles aux termes de l'article 2 du paragraphe 4 sont exonérés de l'expropriation.

Les immeubles enregistrés sous les numéros parcellaires 112 ont été expropriés pour des raisons d'utilité publique, puisqu'ils sont situés au milieu du village avec eau potable et sont très propres pour la construction des maisons d'utilité publique.

Le prix d'expropriation a été établi aux termes des paragraphes 50, 52, 53 de la loi. Les terres qui étaient exploitées sur la base d'un bail perpétuel avaient été expropriées pour compte des fermiers perpétuels et leur prix avait été établi aux termes du paragraphe 54 de la loi.

Budatelek, le 28 janvier 1923.

Signatures.

VI

V. 7 R. A. 59 E. 5 1923.
ROUMANIE
Première Commission d'expropriation de Kolozs.

Comtesse Széchen c. Royaume de Roumanie.

Il a été débattu l'appel de M. Jean Révai, interjeté au sujet de l'expropriation et fixation de prix effectués en vertu de la décision 117/1923 de la Commission d'arrondissement de Mócs relative à la propriété de Budatelke de Mme la comtesse Nicolas Széchen.

Il a été établi qu'aux termes de l'article 76 de la loi agraire, les débats eurent lieu et l'appel a été présenté en temps utile.

Il a été ensuite établi au moyen des actes, que la décision appelée ainsi que les objections de tous ceux présents, ont été enregistrées au procès-verbal de la séance.

La Commission a mis au nom de la loi la décision suivante :

Elle modifie la décision 117-1923 de la Commission d'arrondissement concernant l'expropriation des terres de Mme Nicolas Széchen, situées aux confins de la commune de Budatelke, en ce qui concerne les ventes de Joaden Lamperdean et sa sœur Aniska Lamperdean, relatives au territoire de 1 jugar 1.184 toises enregistrées au Livre foncier de Budatelke sous le numéro parcellaire 38/111, suivant le contrat de vente du 10 mars 1922, ainsi qu'en ce qui concerne les ventes de M. Toaden Tomsa et sa femme Marca Oltean, relatives à la parcelle de 722 toises enregistrée au Livre foncier N° 22 de Budatelke A. X. 3, sous le numéro parcellaire 112, suivant le contrat de vente du 30 mai 1923, ventes qui ont été approuvées par la Commission.

La Commission approuve la décision en ce qui concerne le reste des passages appelés, sans s'occuper des passages non appelés.

MOTIVATION.

La Commission départementale a modifié la décision 117/1923 de la Commission d'arrondissement de Mócs et a approuvé aux termes de la section 4 article 2 de la loi agraire les ventes effectuées entre Toaden Tomsa et sa femme Maria Oltean, jusqu'à concurrence de 10 jugars.

Elle n'a pas approuvé, par contre, la vente effectuée par Filip Joan, parce qu'aux termes de la section 4 de la loi agraire, les terres, objets de la vente, étaient d'une étendue supérieure à 10 jugars.

Elle a approuvé les parties ultérieures de la décision appelée parce qu'elle a trouvé que les faits et les motifs que la Commission d'arrondissement avait invoqués, étaient, aux termes de la section 6, alinéa c) et section 4 article 2 de la loi agraire, bien et justement appliqués.

La Commission n'exempte pas de l'expropriation les bâtiments avec leurs tenants et aboutissants enregistrés sous les numéros parcellaires 207/203, parce que la propriétaire est absente et par conséquent elle exproprie aussi ces territoires dans leur intégrité.

Le prix a été approuvé parce qu'il a été établi que le prix fixé par la Commission d'arrondissement pour la propriété entière de Lei 511.000 est bien supérieur au montant demandé par la propriétaire au moyen des documents produits dont il ressort qu'en 1912 le prix en était Kor. 500.000, et parce que d'autre part ce prix est supérieur à celui indiqué au contrat de vente municipal de 1913 dont la copie se trouve parmi les documents.

Kolozsvár, le 20 avril 1923.

Signatures.

VII

PROCURATION

Je, soussignée Comtesse Nicolas Szécsen, née Comtesse Jeanne Mikes, donne par la présente mandat et pouvoir à Me Charles Császár (Bpest V. 32. Nádor u.) et Jules Lakotos (Bpest VI, 2, Andrássy-ut), avocats, de me représenter devant le Tribunal Arbitral Mixte Roumano-Hongrois, à Paris, et déclare lui conférer tous pouvoirs afin de plaider, conclure, poursuivre, faire exécuter les jugements et faire plus généralement tous actes par lui jugés utiles à la défense de mes intérêts et je l'autorise à se substituer un tiers par lui choisi dans le même but et aux mêmes fins.

Nagy-Cenk, le 15 novembre 1923.

(Signé) Comtesse Nicolas SZÉCSEN,
née Comtesse Jeanne Mikes.

Au

Tribunal arbitral mixte hungaro-roumain

Paris.

REQUÊTE[1]

du

ressortissant hongrois *Olivér Almay, député à l'Assemblée nationale hongroise*, demeurant *à Budapest, Damjanich ulca, 38*, représenté par les Agents du Gouvernement hongrois,

contre

L'ÉTAT ROUMAIN.

Le requérant se réclame du bénéfice de l'assistance judiciaire, en vertu de l'article 78 du Règlement de procédure du Tribunal, à raison de son état d'indigence, dû précisément à la saisie et à l'enlèvement de ses biens immobiliers par l'Etat roumain, dont il fait l'objet de sa plainte, comme il suit :

EN FAIT :

Le requérant était propriétaire d'un immeuble rural *sis à Cill, Almás et Bogyesd (Comitat Arad), en Roumanie*, inscrit dans les livres fonciers respectifs sous les *Nos 102 de Cill, 83 d'Almás et 1 de Bogyesd*, ayant une étendue totale d'environ *3.227* jugars cadastraux (un jugar cadastral = 0.5754 hectare), et une valeur approximative de ...... anciennes couronnes austro-hongroises or ; le tout sis dans les territoires ayant fait partie de la Hongrie, respectivement de la Monarchie austro-hongroise, mais ayant été transférés aux termes du Traité de Paix de Trianon à l'Etat roumain.

Le nouveau maître, à peine l'extension de sa souveraineté sur ces territoires réalisée, frappa, entre d'autres, l'immeuble susindiqué du requérant de toute une série de mesures restrictives de son droit de propriété.

Tout d'abord, il lui imposa une espèce d'**administration forcée,** en tant qu'il a partagé son immeuble en des parcelles provisoires et les donna à des tiers à bail, dit « **bail forcé** » ; les fermages furent payés — si toutefois ils furent — à une caisse publique. C'est une **mesure exceptionnelle,** prévue dans le Traité de Paix de Trianon, à l'article 232, Annexe § 3.

Plus tard, l'immeuble en question fut frappé d'une **saisie** formelle, en tant qu'une formule générale fut inscrite dans les livres fonciers, défendant au requérant de disposer librement de son immeuble et surtout de l'aliéner ou grever de quelque façon que ce soit. C'est aussi une **mesure exceptionnelle** aux termes du Traité de Paix de Trianon, article 232, Annexe § 3.

Ensuite, il fut porté une loi, apparemment d'un caractère général, qui fut intitulée : « Loi agraire, ayant vigueur dans la Transylvanie, le Banat, dans les régions de la Crisana et du Maramures. » Elle est publiée à l'Officiel (Monitorul Oficial) dans son 93e numéro, paru le 30 juillet 1921.

Cette loi contient, entre autres, à son article 6, § *c*), la disposition suivante : « Seront expropriées en leur totalité les propriétés rurales des absents . . . Au sens de cette loi, l'absent est quiconque était absent de la patrie depuis le 1er décembre 1918 jusqu'au jour de la déposition de cette loi au bureau du Parlement sans qu'il ait eu une mission officielle à l'étranger. Les propriétés rurales d'une étendue jusqu'à 50 jugars font exception. »

Il est intéressant que le jour de la déposition de la loi est le 23 mars 1921, date antérieure à celle de l'entrée en vigueur du Traité de Paix de Trianon, qui est le 26 juillet 1921, mais postérieure à la période pendant laquelle la question du séjour est décisive. La loi a donc, sous un double rapport, effet rétroactif.

Par surcroît, à cette courte période, choisie pour construire ce soi-disant absentéisme, nombre de Hongrois, décidés de maintenir leur nationalité hongroise même au cas d'une

(1) **Déposée au Secrétariat du Tribunal, le 29 décembre 1923.**

annexion de ces territoires par la Roumanie, étaient réellement absents de ces territoires qui étaient en effet leur « patrie », mais pas encore celle des Roumains, comme le texte de la loi rétroactive le ferait croire. Car cette période coincide merveilleusement avec l'occupation soudaine de ces territoires par les troupes roumaines après la conclusion du traité d'armistice (le 3, respectivement le 13 novembre 1918), occupation hostile, devant laquelle des masses de Hongrois étaient en fuite.

Nombre d'autres dispositions de cette loi agraire sont pareilles à celle-ci ou presque.

Les dispositions de l'article 6, § *c*), de ladite loi, frappant soi-disant les absents, furent appliquées par les organes exécutifs de l'Etat roumain aussi à l'immeuble en question du requérant, resté ressortissant hongrois. *Les commissions respectives ont exproprié les terres arables, les paturages, les vignes et les prairies, en ne laissant au requérant que 25 jugars cadastraux autour de la ferme et les forêts d'une étendue d'environ 2.000 jugars cadastraux avec la restriction pourtant que l'exploitation des forêts lui est défendue et ne lui reste que la charge de la surveillance.*

A la place du requérant, l'État Roumain fut inscrit dans les livres fonciers comme propriétaire quant aux parties expropriées dudit immeuble. Cette transcription signifie pour le requérant, selon le système foncier encore en vigueur dans les anciens territoires hongrois, la perte totale de son droit de propriété sur ledit immeuble. Elle est une « mesure de disposition » aux termes du Traité de Paix de Trianon, article 232, Annexe § 3.

En échange, une indemnité est promise au requérant, en vertu de dispositions assez compliquées de la même loi agraire qui, payée en bons sur l'Etat, espèce d'un emprunt forcé, tout compte fait, atteint à peine « un » pour cent de la valeur réelle de la propriété enlevée. Soit dit à part, même cette somme minuscule — ironie d'une indemnité — ne fut encore payée au requérant.

Il est vrai que l'Etat roumain non plus n'a pas encore distribué et donné en propriété à des tiers, les parties expropriées de l'immeuble en question.

Quant aux forêts, c'est une administration forcée, par conséquent une « mesure exceptionnelle » aux termes du même texte du Traité.

Encore est-il incertain, si l'état de choses ne se trouvera pas empiré pour le requérant, *soit par l'expropriation définitive de ses forêts et ses fermes, soit par l'attribution définitive des parties expropriées de l'immeuble aux soi-disant « ayants-droit »*, même d'ici jusqu'au moment de l'entrée de sa requête au Secrétariat du Tribunal, vu que les procédés de dépossession poursuivis par l'Etat roumain dans les cadres de sa soi-disant réforme agraire continuent leurs cours.

Par surplus, même la nouvelle Constitution du Royaume de Roumanie, promulguée le 29 mars 1923, dans le N° 282 du Monitorul Oficial, contient à son article 18 une nouvelle menace à la propriété immobilière des étrangers sous la forme de la disposition suivante : « A n'importe quel titre, seuls les Roumains peuvent acquérir et **peuvent conserver** en Roumanie des biens ruraux. Les étrangers n'auront droit qu'à une indemnité. » Inutile de dire que cette indemnité sera dérisoire, si elle est calculée de la manière adoptée par la loi agraire. Du reste, l'indemnité, si équitable qu'elle soit, n'est pas identique à la propriété en nature. En tout cas, c'est une menace par voie législative d'une autre **« mesure de disposition «** à appliquer à l'avenir.

Voici les faits principaux.

Réserve est faite de les compléter, développer, éventuellement rectifier dans les détails, et de les prouver en cas de contestation par le défendeur.

Sur ce dernier point, le requérant se permet d'aviser d'ores et déjà le Tribunal que probablement il ne sera pas toujours en état de fournir lui-même les preuves qui seraient désirables, puisque celles-ci se trouvent pour une grande partie non seulement à des distances inabordables pour le requérant, vu son *domicile à Budapest*, mais aussi et surtout puisqu'elles se trouvent sous les dispositions du défendeur.

En général, le requérant doit remarquer que — vu, d'une part, l'éloignement des lieux où les faits se passent et, d'autre part, la variation des faits due à la circonstance que la réforme agraire de la Roumanie se trouve en voie de réalisation ou mieux dit en effervescence, et les différentes instances annulent et réforment souvent leurs décisions, dont une partie reste quelquefois même sans exécution, tandis que les autres fois l'exécution avance et surpasse même les décisions — l'établissement exact des faits et leur preuve présenteront plus d'une fois quelques difficultés, mais point insurmontables avec l'aide et assistance du Tribunal.

EN DROIT :

Le requérant a l'honneur d'attirer l'attention du Tribunal sur l'article 250 du Traité de Paix de Trianon qui contient en toutes lettres la disposition suivante : **« les biens, droits et intérêts des ressortissants hongrois ou des sociétés contrôlées par eux, situées sur les territoires de l'ancienne monarchie austro-hongroise, ne seront pas sujets à saisie ou liquidation ».**

Il contient en outre : **« Ces biens, droits et intérêts seront restitués aux ayants-droit, libérés de toute mesure de ce genre ou de toute autre mesure de disposition, d'administration forcée ou de séquestre prises depuis le 3 novembre 1918 jusqu'à la mise en vigueur du présent Traité. »**

Il ordonne même qu': **« Ils seront restitués dans l'état où ils se trouvaient avant l'application des mesures en question ».**

Et son alinéa 3 porte que : **« Les réclamations qui pourraient être introduites par les ressortissants hongrois en vertu du présent article, seront soumises au Tribunal arbitral mixte prévu à l'article 239. »**

Ce Tribunal arbitral mixte est celui auquel le requérant a l'honneur de s'adresser.

Mais aussi les autres stipulations de cet article 250 ne sont que trop claires. Elles n'ont point besoin de longs commentaires.

Il est certain qu'elles veulent garantir expressément aux ressortissants hongrois le respect de leurs biens, droits et intérêts restés sur les territoires transférés. Leur but est de ménager, au possible, la situation économique privée des anciens ressortissants du Royaume de Hongrie, respectivement des États de la Monarchie Austro-Hongroise dissoute, même de ceux, ou précisément de ceux dont les biens restent désormais en dehors des frontières de leur patrie.

De là les droits expressément garantis par les Traités. Des dispositions analogues se trouvent à l'article 63, alinéa 4 du Traité de Paix de Trianon, de même qu'aux articles 267 et 78, alinéa 4, du Traité de Saint-Germain-en-Laye, conclu avec l'Autriche, également démembrée.

Au fond, ces droits ne diffèrent guère des droits que les principes généraux du Droit public international, reconnus jusqu'ici à l'unanimité entre Etats civilisés, confèrent à tous les étrangers en matière de propriété privée. Et s'ils en diffèrent tout de même dans les détails, ou bien si ces principes, hors discussion autrefois, se trouvent ternis depuis des temps tout récents, il suffit à l'existence de ces droits en l'espèce — à leur existence indubitable malgré tout — **qu'ils sont garantis en faveur de leurs bénéficiaires expressément dans les Traités, et qu'ils ont leurs bonnes raisons d'existence.**

PAR CES MOTIFS :

Le requérant a l'honneur de conclure et demander qu'il plaise au Tribunal :

1. Dire et déclarer que les mesures restrictives du droit de propriété, appliquées à l'immeuble du requérant par l'Etat Roumain — par son pouvoir législatif, judiciaire ou administratif, n'importe — sont contraires aux stipulations de l'article 250 du Traité de Paix de Trianon, et par conséquent elles les violent.

2. Condamner, dès lors, l'Etat Roumain à restituer au requérant l'immeuble en question, libre de toutes mesures restrictives du droit de propriété ayant caractère confiscatoire ou spoliateur, dans l'état où il se trouvait avant l'application de telles mesures ; rétablir l'état antérieur aussi dans les livres fonciers.

3. Condamner, en outre, l'Etat Roumain à payer indemnité complète au requérant pour les détériorations et la privation de jouissance de l'immeuble durant sa soustraction, de même que pour les frais et débours encourus par le requérant par suite des mesures indûment appliquées.

4. Subsidiairement, pour le cas où il serait prouvé péremptoirement au procès que l'immeuble ou quelques-unes de ses parties, respectivement quelques-uns de ses accessoires ne peuvent être restitués par impossibilité, condamner l'Etat Roumain à payer également indemnité complète au requérant pour les objets faisant défaut.

5. Etablir toutes les fois le montant des indemnités **ex æquo et bono,** prenant en considération toutes les circonstances de l'espèce ; et en tout cas jusqu'à concurrence des sommes qui seront justifiées au cours du procès.

6. En tout état de cause, condamner l'Etat Roumain en tous frais et dépens tant de la présente instance que de toutes autres qui auraient été ou qui seraient imposées au requérant par suite des mesures en question prises par lui contre l'immeuble.

7. Vu le péril en la demeure, faire usage de son droit assuré à l'article 29 de son Règlement de Procédure au sujet des mesures conservatoires, et engager l'État Roumain de surseoir sans délai à l'exécution de toutes mesures restrictives concernant l'immeuble en cause.

Budapest, le 13 décembre 1923.

(Signé) *Olivér ALMAY.*

Vu par le soussigné agent du Gouvernement hongrois, qui par sa signature confirme la nationalité hongroise et l'état d'indigence du requérant, et accepte sa représentation au procès.

(Signé) L. GAJZÁGÓ.

II

DEMANDES EXCEPTIONNELLES

du Gouvernement roumain

I

AGENT DU
GOUVERNEMENT ROUMAIN
près les
Tribunaux arbitraux mixtes.

DEMANDE EXCEPTIONNELLE [1] [2] [3]

Monsieur le Président du Tribunal arbitral mixte Roumano-Hongrois,
Paris.

Monsieur le Président,

Vu la requête introduite devant ce Tribunal par ....
au sujet de sa propriété rurale sise à ....

Vu que le Traité de Trianon :

Après avoir (dans son article 232, alinéa *b*) posé le principe général que les Puissances alliées se réservent le droit de *retenir et liquider* les biens, droits et intérêts appartenant à des ressortissants hongrois, et

Après avoir (dans son article 250) introduit l'exception que les biens, droits et intérêts des ressortissants hongrois situés sur les territoires de l'ancienne Monarchie austro-hongroise ne sont *pas sujets à saisie ou liquidation*,

Ajoute (dans le 2e alinéa du même article 250), que « ces biens, droits et intérêts *seront restitués* aux ayants-droit libérés de toutes *mesures de ce genre* ou de toute autre mesure de disposition, d'administration forcée ou de séquestre, *prises* depuis le 3 novembre 1918 *jusqu'à la mise en vigueur du présent Traité* ;

Vu par conséquent que, pour qu'une plainte puisse être introduite devant le Tribunal arbitral mixte, il faut que la mesure dont le requérant se plaint ait *le double caractère de* :

1° Mesure de saisie ou liquidation, de disposition, d'administration forcée ou de séquestre, c'est-à-dire mesure exceptionnelle de guerre, ou autrement dit une mesure ayant *frappé seuls les ennemis et sans indemnité aucune;*

2° Mesure prise le 3 novembre 1918 *jusqu'à la mise en vigueur du Traité;*

Vu donc qu'une mesure qui n'a pas ce double caractère, *n'entre pas*, selon le texte précis du Traité, dans la compétence du Tribunal ;

Vu que, en ce qui concerne la mesure dont le requérant se plaint, nous sommes en face, non pas d'une mesure exceptionnelle de guerre ayant frappé seuls les ennemis, mais d'une mesure *d'expropriation par voie de réforme agraire*, c'est-à-dire d'une mesure qui, se proposant un but de haute justice sociale, s'applique *à tous* les propriétaires terriens et *dans tout le Royaume*, sans distinction d'aucune sorte, donc aux Roumains également, et que, de plus, *une indemnité d'expropriation* est versée à tous les expropriés ;

Vu donc que, par sa nature, la mesure en question ne constitue pas une mesure de saisie ou liquidation dans le sens de l'article 250 du Traité et que, par conséquent, *elle n'entre pas dans la compétence du Tribunal;*

Pour ces motifs :

Au nom de l'Etat roumain, défendeur, le soussigné, sans aborder le fond, ai l'honneur de demander qu'il plaise au Tribunal :

1° Rejeter la demande pour cause d'incompétence ;

2° Condamner le requérant aux frais et dépens.

Veuillez agréer, Monsieur le Président, l'assurance de notre haute considération.

Agent du Gouvernement Roumain
(Signé) Jean POPESCO-PION

---

(1) Texte identique presque dans toutes les affaires.

(2) Déposées au Secrétariat du Tribunal en partie le 20 avril 1925, et en partie le 11 et le 16 juin, respectivement le 21 juillet 1925.

(3) Dans les textes identiques qui suivent ci-après, les passages en italique correspondent aux passages en italique ou soulignés des textes originaux.

Cause N° 1502
Héritiers de Simon Lukâcs
et Mme veuve Hoffman,
c. Etat roumain.

DEMANDE EXCEPTIONNELLE [1]

Paris, le 25 janvier 1926.

Monsieur le Président du Tribunal arbitral mixte Roumano-Hongrois,
Paris.

Monsieur le Président,

En face de la requête des héritiers de Simon Lukács et de Mme Vve Hoffmann c. l'Etat roumain, ayant pour objet l'expropriation de leur immeuble par voie de réforme agraire ;

Vu que l'article 250 du Traité de Trianon ne donne compétence au Tribunal que pour des litiges ayant pour cause une mesure de saisie ou liquidation ;

Vu que, en l'occurence, nous sommes en présence, non pas d'une mesure de saisie ou liquidation, mais d'une mesure de caractère général, ainsi que j'ai eu l'occasion de l'expliquer par ma demande exceptionnelle dans la cause N° 141, André Bartha (2), dont ci-joint deux exemplaires destinés aux requérants ;

Vu donc l'incompétence du Tribunal ;

Vu d'autre part que, à la suite de la demande en revision introduite par les requérants devant le Comité agraire, la susdite expropriation a été annulée par la décision N° 584 du 24 juin 1925 et les requérants ont été remplacés dans leur droit de propriétaires ;

Vu donc que leur requête est sans objet.

Pour ces raisons, le soussigné, au nom de l'Etat roumain défendeur, par voie d'exception et sans aborder le fond, a l'honneur de demander qu'il plaise au Tribunal rejeter la demande pour cause d'incompétence en même temps que sans objet.

Avec frais et dépens.

Veuillez agréer, Monsieur le Président, les assurances de notre haute considération.

Agent du Gouvernement roumain,
(Signé) Jean POPESCO-PION

(1) Déposée au Secrétariat du Tribunal le 27 janvier 1926.
(2) Identique à celle sous n° 1, sur la page précédente.

III

DIFFÉRENTS TYPES

DES

RÉPONSES SUR LA DEMANDE EXCEPTIONNELLE

déposées[1] par les ressortissants hongrois

(1) En partie le 26 septembre et les 5 et 16 octobre 1925, en partie le 3 mai 1926.

Au
Tribunal arbitral mixte roumano-hongrois,
Paris.

RÉPONSE

pour ....

....

à la demande exceptionnelle de l'État Roumain dans la cause nº ....

concernant l'immeuble sis à...

Monsieur le Président,

Messieurs les Arbitres,

Les arguments de la partie adverse dont elle appuie sa demande exceptionnelle concernant l'incompétence du Tribunal, se réduisent à deux principaux, à savoir :

1) Les biens, droits et intérêts des ex-ennemis hongrois — restés ressortissants hongrois de plein droit ou grâce à l'option — ne se trouvent garantis par l'Art. 250 du Traité de Trianon que jusqu'à la mise en vigueur de ce Traité.

2) Les mêmes biens, droits et intérêts ne sont garantis par cet article 250 du Traité que contre des mesures que l'État vainqueur et ayant annexé des territoires de la Monarchie Austro-Hongroise daigne dénommer expressément par acte de législation ou d'administration : « mesure », « saisie », « liquidation » ou d'un autre nom de ce genre. Autrement l'État vainqueur serait libre de procéder à l'égard des biens, droits et intérêts des ex-ennemis hongrois, comme il le voudra, pourvu qu'il donne à ses actes une autre dénomination, telle que par exemple « réforme agraire ».

Ce sont de grandes erreurs. Si cette présentation des choses était juste, l'article 250 n'avait ni contenu ni aucun sens. Il donnerait entière liberté aux Etats vainqueurs de procéder à l'égard des biens, droits et intérêts des ex-ennemis hongrois contrairement aux principes du droit international commun, tel que l'ont fait pendant la guerre de part et d'autre les Etats belligérants et dont la continuation après la conclusion des Traités n'est permise même aux Etats vainqueurs — dans un but, soit de faciliter le recouvrement des réparations, soit d'arriver à un certain degré de dénationalisation des biens des vaincus se trouvant sur leurs territoires — que précisément dans les limites de ces *exceptions* statuées, en ce qui concerne le Traité de Trianon, dans son article 232. Pour ce qui est des Etats alliés successeurs de la Monarchie austro-hongroise, les limites de ces *exceptions* sont très restreintes. Telles *exceptions* aux règles générales du droit international ne jouent que sur leurs anciens territoires.

Nous conjurons notre adversaire de ne pas vouloir frelater le sens très clair de l'article 250 du Traité de Trianon. Cet article a été rédigé de bonne foi et en toute connaissance de cause par les Principales Puissances Alliées, respectivement la Conférence de Paix.

Il a été rédigé de bonne foi par la Conférence de Paix et — nous ajoutons — il a été accepté de bonne foi par la Hongrie. Car la Hongrie est aussi haute partie contractante au Traité dont le consentement, par conséquent, au sens qui peut être donné de bonne foi à ce texte, n'est pas non plus quantité négligeable, mais élément nécessaire à la naissance des droits et des obligations en vertu du Traité auquel elle est signataire.

Qu'est-ce que les auteurs du Traité de Trianon et la Hongrie ont voulu assurer par les stipulations de l'article 250?

Quant à ses dispositions essentielles, cet article est identique à l'article 267 du Traité de Saint-Germain. Le but de cet article ressort clairement de la correspondance que la Conférence de Paix a eue à ce sujet avec la Délégation de Paix autrichienne, correspondance qui se trouve dans les archives de la Conférence de Paix et fut même publiée par le Gouvernement autrichien sous le titre : « *Bericht über die Tätigkeit der deutschösterreichischen Friedensdelegation in St. Germain-en-Laye, Wien, Staatsdruckerei,* 1919. »

Il résulte à l'évidence de ces documents historiques que les auteurs des Traités voulurent par ces deux articles — article 267 du Traité de Saint-Germain et article 250 du Traité de

Trianon — garantir les biens, droits et intérêts des ressortissants autrichiens et hongrois contre *toute* restriction et *tout* enlèvement de la part des États vainqueurs, partageant entre eux la succession de la Monarchie austro-hongroise. La Conférence de Paix a eu largement occasion de se rendre compte de ce qui s'est passé quant aux biens des vaincus sur les territoires de la Monarchie austro-hongroise tombés dans le pouvoir des États alliés successeurs dès la conclusion des conventions d'armistice et elle a très bien compris à quoi les vaincus auraient à s'attendre à l'avenir sur ces territoires.

Les États successeurs, appartenant au groupement des vainqueurs, ont adhéré eux-mêmes aux stipulations en question, en signant lesdits Traités.

Mais, il suit de cette situation elle-même avec une clarté et une certitude, que l'on ne saurait ternir d'aucune manière, que les garanties que les auteurs des Traités voulaient donner à ces biens, droits et intérêts, doivent avoir effet en tout premier lieu précisément pour l'avenir.

Pour le véritable passé, c'est-à-dire pour la période des hostilités, il n'existait point le besoin de garantir les biens, droits et intérêts en question contre des mesures quelconques, vu que pendant la guerre les Etats successeurs dont il s'agit, n'ont pas mis pied sur les territoires de la Monarchie austro-hongroise, sauf une invasion d'extrêmement courte durée des Roumains dans une partie de la Transylvanie au moment de leur immixtion à la guerre. Par conséquent, ces Etats n'étaient pas à même, pendant que la guerre durait, de prendre des mesures quelconques à l'égard des biens, droits et intérêts situés sur ces territoires.

On ne devait donner effet rétroactif à la règle principale posée au premier alinéa de ces articles que jusqu'au commencement de l'état d'armistice, qui est le premier moment où un Etat successeur allié est arrivé à la portée des biens des Autrichiens et Hongrois situés sur un territoire plus tard détaché de la Monarchie austro-hongroise. C'est cet effet rétroactif qui fut statué à l'alinéa 2 de ces articles. Mais donner la garantie seulement pour la période de l'armistice n'aurait eu aucun sens.

Du reste, la Conférence de la Paix elle-même, dans sa note adressée à la Délégation de Paix autrichienne, en date du 2 septembre 1919, fait expressément ressortir : « Les biens des ressortissants autrichiens, dans les territoires cédés aux Puissances alliées, seront rendus à leurs propriétaires ; ces biens seront libres de toute mesure de liquidation ou de transfert *prise depuis l'armistice*, et une exemption semblable de toute mesure de saisie ou de liquidation leur est garantie *pour l'avenir*. »

Mais non seulement que l'article 250 vise l'avenir, mais aussi — comme nous en faisions déjà mention ci-dessus — il vise les conditions de l'avenir, c'est-à-dire les conditions qui régneront à l'avenir.

Voilà comment il faut l'entendre. A l'avenir, les textes de ces clauses seront déjà connus avant que les mesures soient prises, avant que leurs dénominations et leurs formes soient choisies. Mille échappatoires seraient donc possibles. Il suffirait de choisir prudemment les dénominations et les formes. Ce n'est plus la même situation qui se présentait pour les rédacteurs des Traités lors de la détermination des mesures prises dans le passé, pendant la guerre. Là, les rédacteurs n'avaient qu'à dégager les traits caractéristiques des mesures déjà prises et accomplies ou en train de s'accomplir ; les règlements étaient faits, des changements ultérieurs à la dénomination et à la forme n'étaient plus possibles. Tout autre est la situation ici. L'Etat contre lequel la prohibition est lancée, aurait de grandes facilités pour échapper à la rigueur des stipulations prohibitives, s'il pouvait choisir librement les noms et les formes de ses actes spoliateurs. C'est pour cette raison que l'article 250 du Traité de Trianon — comme l'article 267 du Traité de Saint-Germain — dessine les contours des mesures prohibées de la manière la plus large, la plus extensive, embrassant tout : « *de toute mesure de ce genre ou de toute autre mesure* ».

La tendance de l'article 250 de fixer les limites des mesures aussi larges que possibles, est indiscutable. Et cet article ne se trouvait à cet égard que vis-à-vis d'une seule difficulté, à savoir : qu'il n'y avait plus possibilité d'élargir encore de beaucoup les limites des mesures, tellement ces limites étaient tracées largement déjà dans l'article 232 et dans l'Annexe à cet article.

A y mieux regarder, l'article 232 et son Annexe veulent déjà les limites des mesures aussi larges que possible. Pour ne pas empêcher toute extension éventuellement nécessaire, ni l'article 232 ni son Annexe ne donnent pas même une définition exacte des mesures. Quelques points sont seulement fixés, mais les contours laissés estompés. La connexité la plus vague d'une mesure avec la guerre, ses préparatifs et ses suites suffisent pour qu'elle tombe sous le coup des dispositions respectives. En général, peu importe qu'elles soient dirigées à dessein contre les ennemis ou ex-ennemis ou non, qu'elles soient mises en œuvre seulement contre eux ou bien aussi contre d'autres ; peu importe le but avoué qu'elles visent, pourvu qu'elles aient pour résultat d'atteindre les biens, droits et intérêts ennemis ou ex-ennemis. Peu importe qu'elles soient prises avant, durant ou après la guerre. La mesure elle-même ne comporte pas par définition une limitation temporelle non plus. La meilleure preuve en est que, lorsque les auteurs des Traités ont voulu fixer une limite temporelle à l'application d'une disposition spéciale concernant une mesure prise ou à prendre par un Etat vainqueur ou vaincu, ils se sont trouvés dans la nécessité d'indiquer expressément ce terme ou ce délai, par exemple à la fin du premier paragraphe de l'Annexe à l'article 297 du Traité de Versailles, identique à l'endroit respectif du Traité de Saint-Germain et du Traité de Trianon. Au sens de ces dispositions, la date de la conclusion des traités d'armistice est un terme qui marque la fin de l'application de certaines dispositions et le commencement de l'application d'autres ; nonobstant, la mesure reste mesure. La date de la mise en vigueur du Traité respectif n'est pas non plus un terme privatif de la qualité de mesure dans le sens qu'après la mise en vigueur du Traité des mesures ne pourraient plus être prises de fait, et si le Traité l'admet, même de droit. Le paragraphe 3 de l'Annexe aux articles sus-cités des différents Traités — que l'on considère précisément comme donnant une certaine définition de la mesure — contient, et cela dans tous les Traités, expressément ces termes : « ou qui seront prises *ultérieurement* ». Et cette tendance à l'illimitation ne s'exprime pas seulement dans le domaine temporel, mais aussi dans le domaine substantiel. Il faut lire les longues énumérations des mesures qui se trouvent aux paragraphes 1 et 3 de ladite Annexe. C'est déjà presque tout ce que l'on peut s'imaginer. Mais cela ne suffit pas, le paragraphe premier, après s'être exprimé dans les termes les plus généraux possibles, ajoute deux fois : « ou *réputées* avoir été rendues, données ou exécutées, etc. » ; il ne dit même pas : *réputées* par qui ? tellement il veut élargir leur cercle. Caractéristique à cet égard est surtout la phrase suivante du paragraphe 3 de l'Annexe en question : « les mesures qui ont eu ou auront pour objet de saisir, d'utiliser ou de bloquer les avoirs ennemis, et cela *pour quelque motif, sous quelque forme* et en quelque lieu *que ce soit* ». Est-ce que l'on pourrait exprimer d'une manière encore plus prononcée dans un texte juridique la tendance vers une interprétation aussi large que possible ?

Il en est ainsi déjà selon l'article 232 et son Annexe. Et l'article 250 voudrait être interprété d'une manière encore plus large !

En outre, en examinant de plus près le rapport entre les articles 250 et 232 du Traité de Trianon, dont le premier élimine l'application du second dans les territoires transférés — rapport sur lequel nous avons déjà plus haut également attiré l'attention — on peut se rendre compte que *l'exception que l'article* 250 *érige en règle sur les territoires transférés, est en tout premier lieu une exception faite aux dispositions qui se trouvent plus spécialement aux paragraphes* b) *et* i) *de l'article* 232, car il s'agit ici précisément de possibilités de mesures qu'un Etat vainqueur, Etat ancien ou nouveau, enrichi d'une partie des territoires de la Monarchie Austro-Hongroise par le Traité de Trianon et dont il vient de prendre pour la première fois possession, pourrait prendre dans ces territoires. Le paragraphe *b*) de l'article 232, dispose : « les Puissances alliées et associées se réservent le droit de retenir et de liquider tous les biens, droits et intérêts qui appartiennent, à *la date de la mise en vigueur* du présent Traité à des ressortissants de l'ancien Royaume de Hongrie ». De telles mesures ne peuvent être forcément prises ou continuées à être prises qu'après la mise en vigueur du Traité. C'est une nécessité logique, il n'y peut avoir là-dessus aucun doute. Loin donc que la prohibition de l'article 250 n'aurait plus valeur après la mise en vigueur du Traité, cette prohibition commence précisément à avoir effet après la mise en vigueur, de la même sorte que la faculté réservée dans les paragraphes *b*) et *i*) de l'article 232 de procéder à des mesures ou à des continuations de mesures, dont il fait exception, commence à avoir effet dès ce même moment.

Et c'est précisément pour cette raison, à savoir que la prohibition ne vaut que dès la mise en vigueur du Traité, que les auteurs des Traités ont estimé nécessaire — après avoir prononcé la règle générale de la prohibition dans le premier alinéa de l'article — de lui donner effet rétroactif par une stipulation expresse, contenue au deuxième alinéa du même article. Règle générale dans le premier alinéa : « Nonobstant les dispositions de l'article 232 et de l'Annexe de la Section IV, les biens, droits et intérêts des ressortissants hongrois ou des sociétés contrôlées par eux, situées sur les territoires de l'ancienne monarchie austro-hongroise, ne seront pas sujets à saisie ou liquidation, etc.» Effet rétroactif, prononcé dans le deuxième alinéa : Ces biens, droits et intérêts seront restitués aux ayants droit, libérés de toutes mesures... prises depuis le 3 novembre 1918 jusqu'à la mise en vigueur du présent Traité ».

Voilà une explication très claire, la seule possible, d'une part du rapport de l'article 250 à l'article 232, d'autre part du rapport de l'alinéa premier de l'article 250 à son alinéa second. Il en résulte que la prohibition a très bien effet aussi après la mise en vigueur du Traité.

La demande exceptionnelle de la partie adverse escamote l'alinéa premier de l'article 250 et veut faire une règle générale de l'alinéa second. Pourtant, l'alinéa premier existe aussi et les paragraphes *b*) et *i*) de l'article 232 également. Il faut, par conséquent, lire tout cela ensemble et non pas seulement quelques termes détachés, séparément.

Il ne faut pas perdre de vue pourtant, en nous plaçant à un point de vue plus élevé, que si l'article 250 est une exception à l'article 232, l'article 232 de sa part est une exception — et bien étrange, il faut l'avouer — aux principes généraux du droit des gens. De sorte qu'en tant qu'exception à une exception, l'article 250 n'est que le rétablissement du règne absolu des principes généraux du droit des gens sur les territoires transférés. En fin de compte, loin d'être une exception, c'est la domination rétablie de l'état normal du droit des gens.

Il existe encore une autre raison, pour laquelle il fallait donner expressément effet rétroactif à la prohibition exprimée à l'alinéa premier de l'article 250, respectivement prononcer dans le second alinéa la nullité des mesures prises depuis le 3 novembre 1918. Cette raison est le principe de la confirmation de la validité des mesures prises, règle générale qui est énoncée au paragraphe *d*) de l'article 232. La prohibition prononcée à l'alinéa premier de l'article 250 et valant seulement dès la mise en vigueur du Traité n'invaliderait pas les mesures prises avant la mise en vigueur parce que celles-ci se trouveraient corroborées par le paragraphe *d*) de l'article 232, si l'alinéa second de l'article 250 n'attribuait pas d'effet rétroactif à la prohibition et n'entraînait pas leur nullité.

Pourquoi cet effet rétroactif devait-il s'étendre seulement jusqu'au 3 novembre 1918, c'est-à-dire jusqu'à la date de la signature du Traité d'armistice avec l'Autriche-Hongrie ? C'est, comme nous l'avons déjà dit, parce que les Etats vainqueurs n'ont pu mettre les pieds plus tôt sur le territoire austro-hongrois et encore moins y prendre des mesures contre les biens, droits et intérêts des ressortissants hongrois.

Il nous semble que les arguments ci-dessus réfutent surabondamment les deux arguments essentiels de la partie adverse, portant d'une part sur la limite de temps, et de l'autre sur la forme extérieure de la mesure.

Mais, nous ne manquons pas de souligner maintenant que nous n'aurions pas été obligés d'entreprendre la réfutation de ces arguments de notre adversaire dans une réponse que nous donnons à une demande exceptionnelle déclinatoire de la compétence du Tribunal, car ces deux arguments, l'un tout aussi bien que l'autre, ont le défaut de plus d'être des arguments appartenant au fond de la question et non pas à la compétence du Tribunal arbitral mixte. Tous deux interprètent — d'une manière fausse, comme nous l'avons vu — les points les plus essentiels des stipulations qui se trouvent à l'article 250. Mais pour pouvoir nous occuper de ces questions, il faut donc ouvrir les portes de ce Tribunal et non pas vouloir les fermer à l'avance.

Le seul fait que notre adversaire a ressenti le besoin de parler et ne pouvait même parler tout le long de son mémoire intitulé : « demande exceptionnelle » que du fond de l'affaire, est aussi un argument en faveur de la compétence de ce haut Tribunal, car cela prouve à lui seul qu'il s'agit bien là de quelque chose dont on peut parler devant ce Tribunal même quant à son fond, sans avoir le moindre sentiment que l'on sortirait des cadres des questions qui rentrent sûrement dans sa compétence.

« Réforme agraire » ! C'est une étiquette. Et même si elle ne l'était pas ? C'est une législation bien exceptionnelle, extraordinaire même qui sort des ornières accoutumées du droit commun. Ses origines sont intimement liées avec la guerre. Promise sur les champs de bataille, importée en Transylvanie et dans le Banat par les vainqueurs, trempée d'un esprit belliqueux et révolutionnaire, elle supplante dans ces territoires les vaincus et récompense les vainqueurs. C'est la plus terrible continuation de la guerre dans le domaine économique. Sans le transfert de ces territoires à la Roumanie, jamais une telle réforme agraire n'y aurait vu le jour. Sans la guerre, elle aurait été tout autre même dans l'ancien territoire de la Roumanie. Sa liaison avec la guerre ou tout au moins avec ses suites est indéniable. Et, en même temps, elle enlève les biens, droits et intérêts des ex-ennemis hongrois contre leur volonté et sans indemnité digne de ce nom. C'est contraire, sous plusieurs rapports, aux principes généraux du droit international public. Ces choses suffisent — *et au delà* — pour réunir les éléments essentiels d'une mesure, même au point de vue du fond de la question.

Notre adversaire a invoqué encore un troisième argument, dont pourtant nous ne trouvons pas du tout nécessaire de nous occuper, tellement il nous semble peu sérieux. Il a invoqué que sa mesure appliquée sous la forme de la réforme agraire n'est pas différentielle. Or, il n'y a plus personne qui ne sache pas que cette qualité n'est pas du tout un élément obligatoire et pas même caractéristique des mesures dont il est question dans les parties respectives des Traités. Différentielle ou non, une mesure peut être permise ou défendue. D'ailleurs, il ne serait pas difficile de démontrer à l'évidence, à l'aide de quelques données seulement, que la réforme agraire réalisée par la Roumanie sur les territoires détachés de la Hongrie est une mesure bien différentielle à l'égard des habitants de race hongroise, devenus ressortissants roumains ou restés ressortissants hongrois.

Mais nous ne voulons pas suivre notre adversaire en entrant dans la discussion sur le fond. Ce n'est pas notre devoir en ce moment.

La question du fond se résoudra plus tard. Pour le moment, il n'est pas question d'autre chose que du fait que moi demandeur : *A*) je *prétends* que *a*) l'Etat roumain m'a enlevé mon immeuble contre ma volonté, et *b*) que ce fait est contraire à l'article 250 du Traité de Trianon, et *B*) je *demande* que ces faits soient examinés par le Tribunal arbitral mixte conformément aux dispositions de cet article. Les éléments essentiels pour établir la compétence du Tribunal sont donnés par cela, tout le reste appartient au fond. On ne saurait comprendre en vertu de quelles dispositions du Traité on pourrait décliner la compétence du Tribunal, sans décider en même temps, outre sur les éléments de compétence ci-dessus mentionnés, aussi sur la question du fond. Entrer dans d'autres détails, ce serait trancher déjà la question du fond, ce que le Tribunal ne pourrait faire, sans se déclarer, par sous-entendu, compétent, ce qui serait un contre-sens.

Par ces motifs :

Plaise au Tribunal :

Rejeter l'exception d'incompétence soulevée par l'Etat roumain ;
Se déclarer compétent ;
Fixer un délai court à la partie défenderesse pour déposer sa réponse au fond ;
Mettre les frais de l'incident à sa charge.

Pour le demandeur indigent :

(Signé) L. GAJZÁGÓ.

Agent général du Gouvernement hongrois.

Comtesse Nicolas Széchen
c. le Royaume de Roumanie.
Cause N° 272.

RÉPONSE

du demandeur à la demande exceptionnelle du défendeur.

Au

Tribunal arbitral mixte roumano-hongrois

Paris.

Monsieur le Président,

M. l'Agent du Gouvernement roumain a opposé à la requête une demande exceptionnelle contre la compétence du Tribunal arbitral mixte, en soutenant que cette compétence, aux termes de l'article 250 du Traité de Trianon n'est en l'espèce pas fondée, car il n'est pas question dans la requête :

a) Ni de l'application contre le requérant d'une mesure exceptionnelle de guerre, à savoir d'une mesure applicable exclusivement contre les ennemis ou ex-ennemis et laquelle viserait la liquidation de leurs biens, sans leur accorder aucune indemnité ;

b) Ni d'une liquidation opérée entre le 3 novembre 1918 et la date de la mise en vigueur du Traité de Trianon mais d'une mesure qui a été portée contre le requérant après cette époque.

Et considérant, que l'article 250 du Traité de Trianon n'accorde pas l'exemption de toute saisie et liquidation aux ressortissants hongrois, quant à leurs biens, droits et intérêts situés sur le territoire cédé à la Roumanie, si ce n'est sous les conditions ci-dessus indiquées ;

Considérant qu'en l'espèce ces conditions ne sont pas remplies :

Considérant enfin que la compétence du Tribunal arbitral mixte n'est fondée que dans les limites de ce même article 250 ;

Le défendeur conclut au rejet de la requête pour cause d'incompétence du Tribunal arbitral mixte.

Le défendeur est d'avis que pour statuer sur la question de la compétence, le Tribunal envisagera avant tout l'essence même de la question juridique, sur laquelle la requête est basée et qui est la suivante : La liquidation des immeubles des ressortissants hongrois, au cours de la réforme agraire roumaine, est-elle une mesure permise en vertu de l'article 250 du Traité de Trianon ou bien un procédé interdit par ce même article?

Cette question juridique pourra trouver deux solutions différentes. Ou bien il sera déclaré, que la liquidation des immeubles du requérant est en contradiction avec les engagements internationaux de l'Etat roumain, ou bien il sera statué que cette manière de liquider ne constitue pas une infraction à l'article 250 du Traité de Trianon.

Dans chacun de ces deux cas le Tribunal aura à statuer sur l'admissibilité d'une *liquidation* opérée contre le requérant, et de ce fait, à ce qu'il apparaît au demandeur, la question de la compétence se trouvera déjà tranchée, étant donnée, qu'aux termes de l'article 250, les réclamations contre *toutes les liquidations* tombent sans exception sous la compétence des Tribunaux arbitraux mixtes.

Ce n'est que dans le cas où le défendeur soutiendrait qu'il n'y a pas eu liquidation du tout, qu'il pourrait mettre en doute la compétence du Tribunal arbitral mixte. Mais ce point de vue n'est pas celui du défendeur lui-même. Ne contestant pas les faits exposés par le demandeur, il affirme seulement que lesdits faits ne constituent pas une manière de liquidation telle qui serait interdite par le Traité de Paix (c'est-à-dire une liquidation *différentielle, et sans indemnité*).

Etant ainsi mis hors de question que les faits exposés par le demandeur et non contestés par le défendeur tombent sous la notion juridique de la « liquidation », le demandeur considère que la compétence du Tribunal arbitral mixte est établie.

Mais si le défendeur modifiait sa thèse et d'ores et déjà affirmait que les mesures, qu'il a portées contre les propriétaires fonciers, ne constituent pas du tout une liquidation, la situation juridique ne serait pas changée non plus, car cette thèse du défendeur ne pourrait être aucunement soutenue.

La réforme agraire roumaine et en première ligne tout le contenu de la loi roumaine du 30 juillet 1921, contre laquelle le demandeur a présenté sa réclamation, n'est qu'une longue suite de mesures de disposition contre la propriété rurale, et tout un code de règles d'expropriation des biens immeubles, de transferts de propriété *non-contractuels*, de mesures de contrainte. Laissons de côté tous les arguments qu'on invoquera pour la défense des procédés appliqués. Vu sous l'angle de la *compétence* du Tribunal arbitral mixte, c'est exclusivement le *caractère juridique* des mesures qui importe et il est incontestable, que les mesures à subir par les propriétaires fonciers au cours de la réforme agraire roumaine, constituent des mesures de disposition, prises contre eux, et dont résulte la liquidation de leurs biens.

Le demandeur admet que toute expropriation n'est pas encore liquidation dans le sens des Traités de Paix. Mais le système des expropriations, tel qu'il s'est développé dans le droit public moderne, ne doit pas être confondu avec les procédés contenus dans la loi agraire roumaine. Les expropriations, au sens propre du mot visent toujours des cas concrets et spéciaux, où l'Etat, pour cause d'utilité publique, s'empare de la propriété privée en indemnisant le propriétaire. La dépossession d'une grande couche de la société, l'accaparement par l'Etat, dans n'importe quel but, d'une grande partie de la richesse nationale, ne tombent plus sous la notion de l'expropriation, surtout quand l'indemnisation est loin d'être complète, mais constituent un nouveau régime de la propriété et les expropriations opérées dans ce but ne sont autre chose que la liquidation partielle des biens nationaux.

C'est au cours de la discussion *du fond de l'affaire*, qu'on pourra revenir aux arguments, par lesquels on essaye de défendre ces mesures et soutenir leur compatibilité avec l'article 250 du Traité de Paix.

C'est la faute que la science de la logique appelle *filius ante patrem* que le défendeur vient de commettre. Il se sert des arguments qui s'imposeront peut-être dans le fonds de l'affaire, mais qui n'ont pas de valeur dans le stade même des exceptions contre la compétence. La validité et la force des arguments ne sont rien devant un tribunal qui n'est pas compétent. Comment juger de leur admissibilité sans que la compétence soit déjà préalablement établie?

C'est presque tout ce que le demandeur trouve nécessaire de répliquer à la demande exceptionnelle du défendeur. Il n'a pas la prétention d'avoir réfuté les arguments du défendeur quant à leur influence sur le fonds de l'affaire, il les a examinés exclusivement quant à leur efficacité du point de vue de la compétence du Tribunal arbitral mixte.

Si le demandeur s'étend toutefois dans la suite sur les questions soulevées par le défendeur et dépasse par là les limites qu'il s'est imposées lui-même, il ne le fera que parce qu'il considère ne pas devoir laisser sans réponse aucun argument prononcé par la partie adverse. Le bref exposé suivant traitera des observations du défendeur de la même manière sommaire et provisoire que le défendeur lui-même et suivant la même classification :

ad A) *Aucune mesure exceptionnelle de guerre n'a été appliquée contre le demandeur, c'est-à-dire aucune mesure qui vise exclusivement les ex-ennemis, sans leur accorder indemnité.*

Le demandeur est d'avis que ce raisonnement du défendeur est bien arbitraire. De quelle disposition du Traité de Trianon tire-t-il la conclusion que les biens des ressortissants hongrois sont seulement protégés contre les « mesures exceptionnelles de guerre »? L'article 250 ne parle pas des mesures exceptionnelles de guerre et l'alinéa *b*) de l'article 232, — auquel le défendeur même se réfère — ne les mentionne pas non plus. L'alinéa *b*) de l'article 232 confère aux puissances alliées et associées le plein droit de liquider tous les biens des ex-ennemis situés sur leur territoire à la date de la mise en vigueur du Traité de Paix tandis que l'article 250 *dénie* ce même droit à la Roumanie pour les territoires nouvellement acquis. Par cela, les biens hongrois sont protégés non seulement contre les mesures exceptionnelles de guerre, mais d'une manière générale, contre toute liquidation, de quel genre qu'elle soit, sous quelle forme qu'elle se présente, et enfin derrière quelque masque qu'elle se cache.

Mais si le texte de l'article 250 contenait au lieu des expressions « liquidation » et « mesures de disposition » les mots « mesures exceptionnelles de guerre », la thèse du défendeur suivant laquelle il soutient que le trait caractéristique des mesures de guerre est, qu'elles soient différentielles contre les biens ennemis et qu'elles ne comportent aucune indemnité, serait non moins erronée.

Par contre, il existe une jurisprudence du Tribunal arbitral mixte, d'après laquelle les mesures exceptionnelles de guerre ne perdent pas ce caractère dans le cas où l'Etat les aurait appliquées également contre ses propres sujets.

Cette jurisprudence des Tribunaux arbitraux mixtes a été abordée dès le commencement de leur fonctionnement. Elle a été établie par le Tribunal arbitral mixte franco-allemand sous la présidence de M. Asser dans l'affaire Huret c. Etat allemand (Recueil I, p. 98), le 15 avril 1921, soutenue et motivée avec une profonde érudition sous la présidence de cet éminent juriste qui était M. Paul Moriaud, décédé trop tôt, dans la cause Rymenans et Co. c. Etat allemand (Recueil I, p. 878) et poursuivie enfin presqu'avec unanimité par tous les Tribunaux arbitraux mixtes. Voir surtout les sentences : Dame H. de Creutzer (Recueil I, p. 156), Société anonyme Sucreries et Raffineries en Bulgarie (Recueil III, p. 439. De la Barra). Boyadjioglou (Recueil III, p. 449), I. D. Svoronos (Recueil III, p. 455), Coumendis (Recueil IV, p. 461), Rychnevsky et Alt (Recueil III, p. 1011).

L'absence d'une indemnité n'est pas non plus le signe caractéristique d'une mesure de guerre, Il y a eu d'innombrables mesures prises pendant la guerre où une indemnité a été accordée, mais une indemnité tout à fait pour la forme et insuffisante. Les Tribunaux arbitraux mixtes ont toujours donné suite aux requêtes par lesquelles on a réclamé la différence entre une telle indemnité illusoire et la valeur réelle des objets liquidés.

Ainsi, le Tribunal arbitral mixte franco-allemand, sous la présidence de M. Mercier, dans la cause Dame H. de Creutzer, s'est prononcé comme suit: «Le payement d'un certain prix au moment même de la réquisition, ne prive pas le propriétaire de l'objet réquisitionné d'intenter une action en réparation intégrale du dommage causé. » (Recueil I, p. 156.)

Le demandeur ne veut pas croire à la possibilité d'une interprétation des Traités de Paix, selon laquelle il suffirait, pour éviter les conséquences d'une mesure de guerre appliquée à tort, de payer pour un objet liquidé un fragment de sa valeur réelle.

ad B) *La liquidation n'a pas été opérée dans la période entre le 3 novembre 1918 et la date de la mise en vigueur du Traité de Trianon.*

Pour faire ressortir toute la curiosité de ce point de vue, il en faut brutalement envisager toutes les conséquences. Cette opinion de l'adversaire aurait le sens que l'article 250 du Traité de Trianon n'interdit la liquidation des biens des ressortissants hongrois que pendant cette période, tandis qu'après cette date toute liquidation serait légitime. A quelles conséquences ce point de vue mènerait-il?

Le Gouvernement roumain aurait été obligé, au moment de la mise en vigueur du Traité de Trianon, de libérer les biens des ressortissants hongrois de toute saisie, etc., appliquée pendant la période en question. Mais comme la défense de liquidation a expiré par la mise en vigueur du Traité, il aurait eu la pleine liberté, à l'instant même qui a suivit la libération, de mettre à nouveau sous séquestre les mêmes objets et en refaire la liquidation. D'après cette interprétation il n'y aurait pas eu la moindre chance, pour les biens hongrois, d'échapper à la liquidation finale et la garantie accordée par le Traité serait une non-valeur totale et de plus une amère ironie.

Le demandeur répète qu'il ne veut pas croire à la possibilité d'une telle interprétation. Ce serait la complète *deductio ad absurdum* de cette disposition du Traité et c'est une vieille règle juridique qu'entre deux interprétations d'une loi, il faut toujours choisir celle qui amène dans sa suite des conséquences justes et raisonnables, et jamais celle dont l'application taxerait la loi d'absurdité.

Pourquoi s'en tenir à une telle interprétation, quand le texte en question se prête à une interprétation raisonnable?

Le premier alinéa de l'article 250 déclare comme règle générale que les biens des ressortissants hongrois ne seront pas sujets à saisie ou liquidation *en conformité des dispositions de l'article* 232.

Notons tout d'abord que le texte parle au futur : « ne *seront* pas sujets », il se rapporte donc à l'avenir.

Quelles sont les dispositions de l'article 232, auxquelles se rapporte l'article 250? Il faut lire attentivement l'alinéa *b*) de l'article 232 : « Les puissances alliées ou associées se réservent le droit de retenir et *liquider tous les biens*, droits et intérêts, *qui appartiennent à la date de la mise en vigueur du présent Traité* à des ressortissants de l'ancien royaume de Hongrie. »

Cette disposition traite donc des liquidations à opérer *après la mise en vigueur du Traité.* Mais il s'en suit de toute nécessité que la défense de liquider d'après l'article 250 frappe les mêmes liquidations, c'est-à-dire celles de l'avenir.

Pourquoi a-t-on toutefois ajouté la disposition contenue dans l'alinéa 2 de l'article 250 et mentionné la période entre le 3 novembre 1918 et la mise en vigueur du traité ?

Parce que pendant l'occupation de fait des territoires en question, occupation qui n'a commencé qu'avec l'armistice, c'est-à-dire après le 3 novembre 1918, les Etats successeurs ont procédé à d'innombrables saisies et séquestres. En Transylvanie presque tous les biens meubles et immeubles des ressortissants hongrois ont été séquestrés.

Si l'on n'avait pas ajouté l'alinéa 2 à l'article 250, le Gouvernement roumain aurait pu toujours dire : La liquidation des biens hongrois est interdite pour l'avenir, mais les liquidations effectuées déjà avant la mise en vigueur du Traité, conservent leur validité.

Et c'est pour éviter ce raisonnement qu'on a ajouté l'alinéa 2 qui est une extension de la protection des biens hongrois pour le passé, en reconnaissant la rétroactivité de cette protection pour la période de l'armistice.

Du fait que l'obligation de *restituer* dans l'état antérieur n'est contenu que dans l'alinéa 2 de l'article 250, il s'en suit rigoureusement que le premier alinéa du même article se rapporte à *l'avenir*. Dans le passé, voire avant la mise en vigueur du Traité de Trianon, les mesures de disposition n'étaient pas défendues, par conséquent, il fallait parler d'une restitution et limiter par un délai fixe l'époque en question. Mais pour l'avenir toute liquidation étant interdite, il n'y avait aucune nécessité de parler dans le Traité d'une obligation à restituer.

Le demandeur se permet donc de conclure que les deux traits caractéristiques que le défendeur invoque comme des conditions *sine qua non* de l'application de l'article 250, ne correspondent aucunement aux dispositions de ce même article et, partant, la demande exceptionnelle du défendeur devra être rejetée par le Tribunal arbitral mixte.

Budapest, le 28 septembre 1925.

(Signé) Ch. CSÁSZÁR,
(Signé) Jules LAKATOS,
Avocats.

Au

Tribunal arbitral mixte roumano-hongrois

Paris.

RÉPONSE

présentée pour Olivér Almay, requérant,

contre

ETAT ROUMAIN, défendeur,

à la demande exceptionnelle du défendeur.

Vu ma requête introduite par devant le Tribunal de céans contre l'Etat Roumain en restitution de mes biens immeubles, sis à Cill, Almás et Bogyesd, sur le territoire transféré, du chef du Traité de Trianon, de la Hongrie à la Roumanie,

Vu la demande exceptionnelle déposée par l'Etat Roumain,

Le requérant, ayant pour conseil Me Aurèle d'Egry, avocat du barreau de Budapest, dont la procuration se trouve annexée ci-contre sous le numéro 1,

A l'honneur d'exposer à MM. le Président et Arbitres du haut Tribunal la réponse suivante sur l'incident soulevé par le défendeur :

I

L'article 250 du Traité de Trianon.

L'interprétation que le défendeur s'efforce de donner à cet article, est autant erronée qu'arbitraire ; elle se heurte d'abord à l'esprit dans lequel l'article 250 a été conçu par les auteurs du Traité.

Un examen rapide de la genèse de cet article nous en convaincra.

L'article 250 du Traité de Trianon, à son alinéa ayant trait à la compétence des Tribunaux arbitraux mixtes près, est identique à l'article 267 du Traité de Saint-Germain.

Le projet du Traité avec l'Autriche fut communiqué à la délégaiton autrichienne en plusieurs pièces. L'article correspondant à l'article 267 définitif, était numéroté, d'origine, « article 49 de la partie X » et son libellé fut le suivant :

« Chaque Gouvernement des puissances alliées ou associées se réserve le droit de retenir et de liquider, conformément à l'article 32 et à l'Annexe de la section IV, tous les biens, droits et intérêts que possédaient, à la date du 1er novembre 1918 les ressortissants autrichiens ou les sociétés contrôlées par eux sur les territoires de l'ancienne monarchie austro-hongroise, à lui transférés par le présent Traité ». (Voir : « Bericht über die Taetigkeit der deutschösterreichischen Friedensdelegation in Saint-Germain-en-Laye », volume I, page 63.)

Il faut lire le protêt vigoureux et éloquent que la délégation autrichienne opposa à la disposition projetée (*ibid.*, page 267).

Elle démontrait que les conséquences de l'article projeté : confiscation et appropriation de la totalité des biens du peuple austro-allemand, seraient autant désastreuses qu'erronées et contestables dans leurs bases. Elle soulignait notamment que la part la plus considérable de la propriété austro-allemande était placée dans des entreprises et des exploitations de toute nature dans les provinces transférées et comparait la situation qui résulterait de la disposition projetée à celle qui se présenterait si les entrepreneurs résidant à Paris et à Londres se voyaient d'un coup privés de leurs entreprises et leurs exploitations et si les liens économiques existants étaient absolument interrompus.

L'argumentation ne manqua pas de produire une impression extraordinaire. Aussi le Président de la Conférence de Paix, dans sa lettre d'envoi du 2 septembre 1919 (*ibid.*, tome II, page 313) a-t-il déclaré à ce sujet ce qui suit : « ...mais en raison des observations présentées par la délégation autrichienne, les Puissances alliées et associées, tout en s'en tenant aux lignes générales du Traité, ont introduit des modifications considérables dans ses stipulations économiques. Les biens des ressortissants autrichiens dans les territoires cédés aux Puissances alliées, seront rendus à leurs propriétaires ; ces biens seront libres de toute mesure de liquidation ou de transfert prise depuis l'armistice, et une exemption semblable de toute mesure de saisie ou de liquidation *leur est garantie pour l'avenir* ».

Examinons maintenant, à la lumière de cet historique succinct de notre article 250, le système que l'Etat roumain s'est imaginé pour étayer sa demande exceptionnelle.

Le défendeur prétend que, pour qu'une demande puisse être introduite en vertu de l'article 250 du Traité, il faut que la mesure dont le requérant se plaint ait le double caractère de :

1° Mesure de saisie ou de liquidation, de disposition, d'administration forcée ou de séquestre, autrement dit, mesure exceptionnelle de guerre ou mesure à caractère ennemi ;

2° Mesure prise entre le 3 novembre 1918 et la mise en vigueur du Traité.

A défaut de ce double caractère, aux dires du défendeur, l'affaire n'entrerait pas dans la compétence du Tribunal.

Ad. 1. — Dès ma requête, j'ai articulé les actes, respectivement faits, suivant le défendeur, notamment que, sans mon assentiment, il a procédé au lotissement de mes immeubles ; consenti des « baux forcés » relatifs aux parcelles ainsi formées ; fait inscrire aux livres fonciers la défense d'aliéner ou de grever mes immeubles, exproprié les terres arables, pâturages, vignes et prés, en ne me laissant que 25 jugars cadastraux ; fit inscrire son droit de propriéte à lui, Etat roumain, aux livres fonciers concernant les immeubles expropriés et ordonné l'administration forcée de mes forêts.

Le défendeur, dans sa demande exceptionnelle, conserve un silence absolu au sujet des faits articulés dès ma requête et que je viens de rappeler.

Or, au termes de l'article 14, litt. *b*) du Règlement de procédure du haut Tribunal de céans, la réponse doit contenir « la détermination précise du défendeur sur chacun des faits articulés dans la requête », disposition, qui, forcément, s'applique à la demande exceptionnelle, également.

Tous les faits du défendeur, articulés dans ma requête, sont donc établis, au moins aux fins de l'incident que nous traitons.

Ces faits présentent tous les signes caractéristiques d'une « saisie » ou bien d'une « liquidation » (article 250) et cela nonobstant que le défendeur voudrait faire accroire au haut Tribunal qu' « une indemnité d'expropriation est versée à tous les expropriés ».

Remarquons d'abord que mes forêts ne sont que soumis à une administration forcée, sans être expropriées, mesure de « saisie » incontestable.

Quant à l'« indemnité » dont se réclame le Gouvernement roumain, elle est réglée à l'article 50 de la loi sur la réforme agraire en Transylvanie, dont le libellé est le suivant :

« Le prix des terrains soumis à l'expropriation par la présente loi, est fixé par des jugars cadastraux, par catégories et qualités de terre. Il est déterminé à l'aide de tout élément d'appréciation, ainsi que : prix de vente de la terre dans la commune et dans le voisinage en 1913, le taux capitalisé à 5 % du fermage régional à la même époque, évaluation établie par les institutions de crédit revenu net du jugar, impôt foncier et autres données se rapportant à la terre durant les cinq années jusqu'à 1913, *mais le prix ne pourra en aucune manière être supérieur aux prix de 1913. Le prix sera calculé en lei. Pour l'établissement du prix, le leu est considéré comme égal à la couronne* ».

Maintenant, si l'on néglige la relation de la couronne or au leu or (un leu ne valait que 0,95 couronne or), et en retenant qu'actuellement 100 lei papier ne sont cotés à la bourse de Zurich que 2,50 francs suisses, l'« indemnité » *nominale* accordée par l'Etat roumain au propriétaire évincé ne représenterait que 2 ½ % soit deux pour cent et demi de la valeur 1913. Mais vu que, au sens de l'article 85 de la loi sur la réforme agraire, l'Etat roumain ne payera cette « indemnité », moquerie en elle-même, *qu'en titres de rente nominatifs, non transmissibles*, portant intérêt à raison de 5 %, amortissables dans 50 ans et calculés au pair, on ne saurait évaluer la valeur actuelle de cette indemnité, même très libéralement, très généreusement qu'à 30-35 % du montant nominal, de sorte, que *l'indemnité* n'équivaut guère à *un pour cent de la valeur de la propriété expropriée*.

Or, cela, ce n'est pas l'expropriation, ce n'est pas même la liquidation déguisée (ce qui serait également contraire à l'esprit de l'article 250), c'est la liquidation, la spoliation se présentant dans toute sa nudité hideuse.

J'ajoute que, ayant retenu ma qualité de ressortissant hongrois par la voie d'option, la jouissance de mes biens immeubles sur le territoire transféré m'est garanti par l'alinéa pénultième de l'article 63 du Traité de Trianon, également.

Ad 2. — La deuxième thèse du défendeur, en vertu de laquelle une requête basée sur l'article 250 ne pourrait être introduite qu'au cas où la mesure, dont le requérant se plaint, aurait été prise entre le 3 novembre 1918 et la mise en vigueur du Traité, soit le 26 juillet 1921, est dénuée, elle encore, de tout fondement.

Quoique l'absurdité de cet argument soit évidente et guère digne d'une réfutation développée, je prie quand même de pouvoir résumer les arguments qui s'imposent dans un sens inverse et sous lesquels cette thèse s'écroule complètement :

a) Tout d'abord elle est réfutée par une lecture attentive de l'article 250 même.

L'alinéa premier de l'article 250 pose le principe qu'il est interdit d'enlever les biens des ressortissants hongrois situés sur territoire de l'ancienne monarchie austro-hongroise. Cette disposition est absolument générale, indépendante de toute limite de temps, ce que je démontrerai encore.

Quelle fut pourtant la raison pour laquelle les auteurs du Traité ont introduit l'alinéa 2 de l'article 250, contenant les limites de temps, auxquelles le défendeur se réfère? La raison en fut, d'abord, que tout contrat, donc le Traité de Paix lui aussi, ne saurait prendre effet qu'à partir du jour de sa mise en vigueur et, d'autre part, l'attitude des Etats successeurs, qui, ayant occupé, dès l'armistice, des territoires importants de l'ancienne monarchie, s'y sont attaqués à tort et à travers à la spoliation la plus atroce des anciennes populations autrichiennes et hongroises. Cela se faisait avec un sans-gêne, que pas même les négociations entamées en vue de la conclusion de la paix n'arrivaient à restreindre. De ce chef, la délégation autrichienne déposait de nombreuses plaintes auprès de la Conférence de la Paix. C'est par ces deux raisons que fut inséré l'alinéa 2 de l'article 250 Trianon (article 267 Saint-Germain), alinéa qui, dans son essence, contient deux choses : 1° l'éclaircissement encore plus précis des dispositions de l'alinéa premier et, 2° l'extension, dans le temps, du premier alinéa, avec effet rétroactif (voir le « Bericht » précité, volume II, page 360).

Autrement dit, tandis qu'au cas, où ce ne serait que l'alinéa 1 de l'article 250 qui existerait, il eût été discutable, si les spoliations perpétrées avant la mise en vigueur du Traité peuvent bien être subsumées sous l'article 250 (article 267 Saint-Germain), l'alinéa 2 énonce, que la disposition du premier alinéa est d'effet rétroactif, et que, partant, la saisie du patrimoine dont il s'agit est non seulement interdite à partir du 26 juillet 1921, mais que seront à restituer, et cela dans l'état où ils se trouvaient précédemment, les biens enlevés par un Etat cessionnaire à un ressortissant hongrois antérieurement au 26 juillet 1921, eux aussi (soit à un ressortissant autrichien antérieurement à la mise en vigueur du Traité de Saint-Germain).

Ajoutons, pour compléter, que le point de départ fixé au 3 novembre 1918 s'explique par le fait, que la date indiquée c'est le jour de la débâcle du front italo-austro-hongrois et de l'écroulement de la souveraineté de la monarchie austro-hongroise. C'est donc la date la plus reculée, à laquelle un Etat successeur ait pu perpétrer la saisie de biens sur les territoires ci-devant autrichien et hongrois.

Il est donc évident que, ce que le Traité a intentionné, d'après le contenu clair et incontestable de son texte, c'était protéger les ressortissants autrichiens et hongrois contre tout enlèvement de leur patrimoine sis sur les territoires transférés de la monarchie, et de les protéger sans limite de temps.

b) Que les auteurs du Traité, eux-aussi, aient interprété cette disposition dans le sens que je viens d'exposer, — d'ailleurs interprétation unique raisonnable — cela apparaît de la manière la plus claire de la lettre d'envoi précitée, adressée le 2 septembre 1919 par le Président de la Conférence de la Paix à la délégation autrichienne et notamment de son passage qui porte : « ...et une exemption semblable de toute mesure de saisie ou de liquidation leur est garantie pour l'avenir (travaux de la délégation autrichienne précités, volume II, page 314) ».

c) Qu'il me soit permis d'invoquer encore, en guise d'argument, le bon sens pur et simple. Est-ce donc sérieusement, que le défendeur veut faire croire au Tribunal que le Traité voulait interdire que les biens d'une personne lui fussent pris le 26 juillet 1921, mais que, par contre, il voulait permettre qu'on les lui prît, le 27 juillet 1921, à merci et à miséricorde?

II

Réforme agraire et demande exceptionnelle.

Une analyse quoique sommaire de la législation roumaine sur la réforme agraire que nous avons faite sous le numéro I de la présente réponse, nous a démontré, que la pratique de la réforme agraire équivaut à la liquidation aux termes de l'article 250 du Traité de Trianon.

Toutefois, j'y insiste avec vigueur, cela n'a aucun rapport à la question de la compétence du Tribunal. Que l'enlèvement de ma propriété à titre de réforme agraire ne change rien à ce que ma propriété me fut enlevée, c'est bien claire. Si je suis d'avis que cela se heurte au Traité et notamment à l'article 250, je peux introduire ma réclamation auprès le Tribunal arbitral mixte à la base de l'article 250, alinéa 3. Du moment où la façon de voir du demandeur (à mon opinion intégralement refutée à la partie I ci-dessus), selon laquelle l'article 250 ne donne protection que contre les atrocités commises jusqu'au 26 juillet 1921, mais ne donne pas de protection contre les atrocités commises le 27 juillet 1921 ou postérieurement, est écartée, il manque toute base pour une demande exceptionnelle contre une pareille requête. C'est une question toute différente si j'ai raison au fond en prétendant que la réforme agraire ou une certaine espèce de telle réforme ou l'utilisation de cette réforme en qualité de prétexte se heurte au Traité et notamment à l'article 250. Si j'y ai tort je vais perdre mon procès dans son fond. Mais que je puisse être privé à ce titre du droit qui m'est garanti par l'article 250, alinéa 3, que le Tribunal examine le bien-fondé ou le mal fondé de ma prétention, cela n'est pas même discutable.

Je répète du reste que tout ce qui est dit ici au sujet de la réforme agraire, est indifférent au point de vue de l'incident actuel et n'a pour le moment qu'un intérêt académique.

Par ces motifs et par tout moyen à déduire ultérieurement, j'ai l'honneur de présenter les conclusions suivantes :

1° Plaise au Tribunal rejeter la demande exceptionnelle, se dire compétent à statuer sur le fond du présent procès ;

2° Condamner l'Etat Roumain aux frais et dépens de l'incident.

(Signé) Aurèle D'EGRY,
Conseiller aulique, avocat.

Bordereau d'Annexe.
1° Procuration de Me d'Egry.

ANNEXE

PROCURATION

Je soussigné Olivier Almay, ancien député, ressortissant hongrois, demeurant à Budapest, donne pouvoir et procuration à M. Aurèle d'Egry, avocat du barreau de Budapest, me représenter au procès introduit par ma requête contre l'Etat Roumain par devant le Tribunal arbitral mixte Hungaro-Roumain.

Fait à Budapest, le 10 octobre 1925.

(Signé) Olivér ALMAY.

IV

RÉPLIQUES DU GOUVERNEMENT ROUMAIN SUR LA QUESTION DE COMPÉTENCE[1]

(1) Déposées au Secrétariat du Tribunal en partie le 4 janvier 1926, en partie le 11 août 1926.

Au

Tribunal arbitral mixte roumano-hongrois

Paris.

RÉPLIQUE DE L'ÉTAT ROUMAIN

Monsieur le Président du Tribunal arbitral mixte Roumano-Hongrois,
Paris.

Monsieur le Président,

Dans la réponse donnée à notre demande exceptionnelle, le requérant prétend en substance, dans son argumentation, que l'article 250 du Traité aurait déclaré « tabou » les biens hongrois situés en Transylvanie et que, si une loi d'intérêt général vient modifier le régime de la propriété dans le Royaume de Roumanie, les biens hongrois n'auront pas à être assujettis à la loi.

Tel serait en effet l'esprit de l'article 250.

Pour bien saisir le sens et la portée de l'article 250, il est nécessaire de le rapprocher de l'article 232, dont il n'est que l'exception et auquel, du reste, son texte lui-même nous renvoie.

Or, l'article 232, dans son alinéa *b*) pose — pour les considérations que nous connaissons tous — le principe que les alliés « se réservent le droit de retenir et liquider » les biens des ressortissants hongrois ; et plus loin, au N° 2 de son alinéa *h*) ainsi qu'au § 4 de son Annexe, il explique que le produit de la liquidation servira au dédommagement des ressortissants alliés ayant subi des préjudices sur le territoire hongrois ou sera inscrit au compte des Réparations dues par la Hongrie.

A ce principe, deux restrictions sont apportées.

La première restriction est apportée par le troisième passage de l'alinéa *b*) de l'article 232 lui-même, qui interdit la liquidation des biens des anciens ressortissants hongrois devenus ressortissants alliés.

Quant à la deuxième restriction, elle est apportée par notre article 250 qui, s'occupant des biens des ressortissants hongrois situés dans les territoires récupérés, autant dire en Transylvanie, dit que, nonobstant les dispositions de l'article 232, ces biens « ne seront pas sujets à saisie ou liquidation ».

Autrement dit, l'article 250 défend, au sujet des biens hongrois sis en Transylvanie, ce que l'article 232 permettait, d'une manière générale, au sujet des biens hongrois situés par ailleurs : la saisie ou la liquidation, laquelle saisie ou liquidation, si nous voulons bien nous rappeler pour quelles conditions et dans quel but elle a été inscrite dans l'article 232, nous apparaît, d'une manière évidente et guère discutable, comme une mesure spéciale, mesure exceptionnelle, mesure inspirée par des considérations de guerre, mesure frappant l'ex-ennemi en tant qu'ex-ennemi et lui seul, mesure en somme dont on ne frappe pas ses propres nationaux et qu'on n'impose pas, à titre de loi commune, à tous les habitants du pays sans distinctions aucunes.

Inutile de discourir davantage et de chercher à l'infini la définition de cette mesure-là : nous en sentons tous la nature et la portée.

C'est cette mesure-là, que l'article 232 permet et que l'article 250 défend.

Mais une mesure générale que l'État, par l'exercice légitime de la souveraineté nationale, impose à tous ses habitants, une réforme agraire que le Royaume de Roumanie, dans son esprit de justice et dans sa haute prévoyance, impose, sur toute l'étendue du territoire, à tous les propriétaires terriens sans égard à leur qualité de nationaux ou d'étrangers, une loi de la plus haute importance sociale qui, s'appliquant à tous, vise l'ordre et la paix dans l'intérêt de tous, est-ce bien la saisie ou la liquidation que défend l'article 250?

Pour nier cette évidence, il faut de la mauvaise foi !

Mais, pour plus de lumière, il n'est pas sans intérêt d'envisager un instant, aussi, la situation des *biens alliés en territoire hongrois*.

Rappelons d'abord que, si les Alliés se sont réservé le droit de posséder des biens en territoire ex-ennemi, les ex-ennemis par contre ne possèdent plus, d'une façon générale de biens en territoire allié, vu que, de par les Traités, ces biens ont été liquidés. Posséder donc en territoire ex-ennemi, c'est pour les Alliés un privilège. Voyons, malgré cela, quelle est la situation de ces biens.

A l'alinéa *c*) de l'article 211, nous trouvons que la Hongrie s'engage à ne soumettre les biens des ressortissants alliés « à aucune charge, taxe ou impôts autres ou plus élevés que ceux qui sont ou peuvent être *imposés aux biens de ses ressortissants* ».

A l'article 255, où il est question des Compagnies d'Assurances alliées siégeant en territoire récupéré mais faisant des opérations en Hongrie, il est dit que « aucune mesure ne pourra porter atteinte à leur propriété qui ne soit pas *appliquée également aux biens des Compagnies d'Assurances nationales.* »

A l'article 233 enfin, nous trouvons que la Hongrie s'engage « à ne soumettre les biens des ressortissants alliés à aucunes mesures portant atteinte à la propriété qui ne soient pas *appliquées également aux biens des ressortissants hongrois.* »

Or, répétons-le, bien que ce soit un privilège pour les Alliés que de posséder des biens en territoire hongrois, la Hongrie, à laquelle interdiction est faite de frapper les biens alliés par une mesure exceptionnelle, a quand même le droit de soumettre ces biens *au même régime que les biens de ses nationaux.*

S'ensuit-il, dès lors, que les biens des ressortissants hongrois en territoire allié récupéré *ne peuvent pas être* soumis au même régime que *les biens nationaux?*

C'est ce qui nous fait saisir davantage encore le sens et la portée de l'article 250, qui défend la mesure exceptionnelle dont nous parlions tout à l'heure, la saisie ou la liquidation, comme dit son propre texte, mais non pas la mesure générale qui s'impose à tous, la réforme agraire qui s'applique aux nationaux aussi bien qu'aux étrangers.

En conséquence, puisque le Tribunal arbitral mixte, tribunal exceptionnel, tribunal à compétence limitée, ne peut juger que les affaires qui sont mises en sa compétence *expressis verbis* par le Traité, il résulte que, s'il est compétent, aux termes de l'article 250, pour juger d'une mesure de « saisie ou liquidation », c'est-à-dire d'une mesure de caractère spécial frappant seuls les ex-ennemis, il n'est guère compétent pour juger d'une mesure générale, d'une mesure faisant la loi commune à tous, d'une expropriation par voie de réforme agraire s'appliquant aux nationaux aussi bien qu'aux étrangers.

Cela est simple, net et précis.

Cela est si simple, si net et si précis, que l'adversaire lui-même, pour contourner cette vérité qu'il sent lui peser, essaye de faire croire que la réforme agraire en Roumanie n'est pas une mesure générale, mesure de haute portée, mesure ayant ses racines profondes dans l'Histoire du pays et s'imposant d'elles-mêmes, par des nécessités inéluctables, mais bien une étiquette, une invention d'après-guerre si non une machine de guerre, forgée, ni plus, ni moins, dans le but d'éluder l'article 250 pour « suplanter les vaincus et récompenser les vainqueurs. »

Est-ce cela, vraiment?

Si l'adversaire ignore la politique agraire en Europe le long du XIXe siècle et au seuil du XXe, si les souffrances des masses paysannes ne l'ont jamais ému, si le danger grondant dans les campagnes ne lui a pas servi de signe précurseur de la catastrophe qui s'annonçait, qu'il souffre que nous l'en instruisions aujourd'hui, non pas sur l'universalité du sujet, certes, mais sur ce, au moins, qui s'est passé en Roumanie.

Or, en Roumanie, dès 1864, une loi hardie, en même temps qu'elle abolissait, les traces du servage, créait la propriété paysanne, par la sécularisation des biens des couvents et par l'expropriation partielle des domaines particuliers. Par les lois de 1881 et 1889 ensuite, l'Etat continuait sur ses propres domaines la création de la propriété paysanne. Par d'autres lois enfin, il créait les banques populaires et les coopératives paysannes, dans le but, toujours, d'aider au relèvement des populations agricoles.

Malgré cela, la population agricole s'intensifiant sans cesse et les conditions de sa vie empirant toujours, on eut, en 1888 d'abord et en 1907 ensuite, des révoltes paysannes dont la dernière, comme on le sait, fut sanglante.

Comme conséquence, il fut créé en 1908, la Caisse rurale, qui devait acheter de grands domaines pour les revendre aux paysans en lots, contre paiements par annuités. La même année, fut décrétée la loi sur les contrats agricoles, en vertu de laquelle, en même temps que le prix maximum des salaires à payer aux ouvriers agricoles, était fixé périodiquement, par des commissions au sein desquelles entraient aussi des paysans, le prix maximum à payer aux propriétaires pour des terres données en fermage aux paysans. D'autres lois enfin, venaient aider et renforcer les coopératives agricoles de toutes sortes, les banques paysannes, les syndicats.

Dix ans après, une certaine amélioration en était résultée. Mais le mal ne guérissait pas et, l'éveil des consciences aidant, la masse paysanne entrait en effervescence.

Jaloux des destinées du pays et hautement prévoyant, le Gouvernement de M. Jean Bratiano, malgré les difficultés de la tâche, *convoqua en 1914*, un peu avant que la guerre éclatât, une *Assemblée Constituante*, dans le but de faire inscrire dans la Constitution même, le principe de l'expropriation de la grande propriété, en vue de la création de la propriété paysanne. Car, le seul remède pour le malaise inguérissable et le seul moyen pour éviter une catastrophe, c'était celui-là. Aussi, par la *loi constitutionnelle du 20 juillet 1917*, c'était chose faite.

Les méticuleuses opérations du transfert de la propriété et du partage des terres furent cependant paralysées par la guerre et, surtout, par l'envahissement du pays. Mais, par les décrets-lois des 15 et 16 décembre 1918, la réforme agraire se traduisait en fait et devenait une réalité, dans le vieux Royaume et en Bessarabie à la fois, au grand honneur de ceux qui l'avaient accomplie.

Toute une série de décrets-lois par la suite, au fur et à mesure des besoins, ont abouti aux lois définitives du *13 mars 1920*, pour la Bessarabie, du *17 juillet 1921*, pour le vieux Royaume et du *30 juillet 1921* pour la Bucovine.

Quant à la Transylvanie où, la propriété latifundaire ayant depuis longtemps rendu pénible la vie de la masse paysanne, une forte émigration s'écoulait à l'étranger chaque année ; où, par l'acte même d'union à la mère-patrie, l'Assemblée nationale du 18 novembre 1918 proclamait le principe que, « en vertu du droit de diminuer dans la mesure des besoins les propriétés latifundaires, il sera donné au paysan la possibilité de se créer une propriété d'une étendue qui puisse au moins absorber le travail de sa famille »; où par conséquent la situation, au point de vue agraire, était, sinon pire, au moins aussi mauvaise que par ailleurs, pouvait-il y avoir un Gouvernement, après que la réforme avait été accomplie en Bessarabie et dans le vieux Royaume, et au moment justement où le bolchevisme guettait les masses mécontentes, qui pût refuser à cette province les bienfaits de la réforme?

C'est pourquoi, par la loi du *30 juillet 1921*, en même temps qu'à la Bucovine, la réforme agraire était étendue *à la Transylvanie aussi.*

Dès lors, peut-on dire que la réforme agraire en Roumanie, surgie des profondeurs de l'Histoire, imposée par des nécessités inéluctables, étendue dans tout le Royaume et s'appliquant à tous, constitue une mesure spéciale, une invention d'après guerre, forgée à dessein par l'Etat roumain pour éluder l'article 250 et frapper les biens hongrois?

Qu'il nous soit plutôt permis de rappeler, à ce sujet, que c'est grâce à sa réforme agraire, justement, que la Roumanie a pu se préserver de la contagion communiste et que, tout en opposant une barrière infranchissable à la vague bolchevique russe qui poussait vers l'Occident, a su en même temps détruire le bolchevisme hongrois à sa source, en Hongrie.

Ce seul motif, la nature de la mesure en question, étant suffisant à lui seul pour établir, aux termes de l'article 250, l'incompétence du Tribunal, nous nous dispensons de reprendre ici le second motif de notre demande exceptionnelle, la date à laquelle la mesure a été prise, parce que, d'un intérêt purement théorique dans un commentaire complet de l'article 250, ce second motif est sans intérêt pratique en l'espèce, puisque superflu.

Dans sa réponse, l'adversaire nous objecte encore que, discuter tout ce qui précède, c'est la question de fond et cela n'a rien à faire avec l'exception d'incompétence.

Nous lui répondons que, le Tribunal n'étant compétent à juger — puisque Tribunal à compétence strictement limitée — que la mesure prévue par l'article 250, il importe avant tout de savoir si, *de par sa nature*, la mesure faisant l'objet de la plainte *est ou non de sa compétence.*

Et cela, devant tous les Tribunaux, se discute *in limine litis*, par voie d'exception.

Pour toutes ces raisons, nous soussigné, au nom de l'Etat roumain, avons l'honneur de maintenir intégrales les conclusions de notre demande exceptionnelle.

Veuillez agréer, Monsieur le Président, les assurances de notre haute considération.

Agent du Gouvernement roumain,

(Signé) Jean POPESCO-PION

V

DIFFÉRENTS TYPES

DES

DUPLIQUES SUR LA DEMANDE EXCEPTIONNELLE

déposées par les ressortissants hongrois (1)

(1) En partie le 15 avril 1926, en partie le 23 août 1926.

Au

Tribunal arbitral mixte roumano-hongrois

Paris.

DUPLIQUE

dans la procédure incidente concernant la compétence du Tribunal

pour...

....

à la suite de la demande exceptionnelle de l'Etat roumain,

dans la cause no...

concernant l'immeuble sis à..

Monsieur le Président,

Messieurs les Arbitres,

En réponse à la réplique de la partie demanderesse sur l'exception d'incompétence, nous avons l'honneur de formuler notre duplique, comme il suit.

Tout d'abord, nous voulons faire retenir que la partie adverse a battu en retraite dans sa réplique en ce qui concerne son argument tiré de la considération, comme si l'effet de l'article 250 avait pris fin au moment de la mise en vigueur du Traité, c'est-à-dire au moment même où, à la vérité, il est entré en vigueur. Car l'alinéa 2 de l'article 250 ne fait que donner effet rétroactif jusqu'au début de l'état d'armistice à la règle principale qui se trouve à l'alinéa 1, dont la vigueur est pour l'avenir temporellement illimitée. C'est plus que clair. Nous prenons volontiers acte de cette retraite absolument justifiée de notre adversaire, d'autant plus qu'elle nous permet de décharger le procès des décombres de thèses d'ores et déjà exterminées.

Dans sa réplique, notre adversaire se concentre sur une seule thèse, qui n'est, à mieux y voir, qu'une fausse hypothèse et qui se résume en ceci : pour qu'une mesure fût une mesure défendue par l'article 250, elle devrait être différentielle, c'est-à-dire discriminatoire entre les nationaux propres de l'Etat et les ressortissants hongrois, en d'autres mots une mesure prise exclusivement contre les anciens ennemis hongrois, restés ressortissants hongrois ; et si la mesure n'était pas différentielle, il n'y aurait pas compétence des Tribunaux arbitraux mixtes.

Nous ne savons pas, d'où notre adversaire tire cette thèse, qui semble très étrange dès la première vue. Il ne se trouve donc pas trace d'une disposition quelconque à l'article 250 qui exigerait pour les actes qu'il défend comme élément constitutif le caractère différentiel.

En lisant sa réplique, nous voyons que, ne trouvant pas à l'article 250 le trait caractéristique du traitement différentiel dont il croit avoir absolument besoin pour se sauver de sa position désespérée, notre adversaire est allé le chercher dans d'autres articles lointains, afin de tâcher à leur emprunter, pour la circonstance, ce qu'il lui fallait.

D'abord il fait semblant de l'avoir trouvé à l'article 232, et prétend tout simplement que toutes les mesures dont traite cet article, étaient des mesures différentielles.

Nous admirons le courage de notre adversaire, puisque nous n'ignorons pas qu'il sait tout aussi bien comme nous que la jurisprudence des Tribunaux arbitraux mixtes était unanime dès le début à reconnaître que la discrimination entre ressortissants ennemis et ressortissants propres de l'Etat n'est pas élément constitutif des mesures dont il y a question dans l'article 297 du Traité de Versailles, l'article 249 du Traité de Saint-Germain, l'article 177 du Traité de Neuilly et l'article 232 du Traité de Trianon, toutes identiques dans leurs grandes lignes. Nous avons déjà fait mention de cette jurisprudence dans notre réponse. Nous ne citons en ce moment que la décision suivante, ayant trait spécialement au Traité de Trianon :

« Tribunal arbitral mixte franco-hongrois, 12 mai 1924, affaire Jaillant c. Spitzer et Etat Hongrois :

« Qu'il n'y a pas lieu d'examiner si cette mesure s'appliquait en même temps qu'aux étrangers aux sujets hongrois eux-mêmes ;

« Que le Traité de paix vise les mesures exceptionnelles de guerre, de quelque nature qu'elles soient, sans se préoccuper de savoir si ces mesures ont un caractère différentiel, c'est-à-dire concernent les ressortissants ennemis comme tels ou non ; » (Recueil, Tome IV, page 448).

N'ayant donc pas trouvé véritablement à l'article 232 ce qu'il lui fallait, et le sentant très bien lui-même, notre adversaire cherche plus loin, et, fouillant d'un bout à l'autre le Traité de Trianon, il déniche enfin les endroits qu'il cite dans sa réplique, et auxquels, il n'y a pas à dire, il y a question de traitement différentiel, mais sous tout autre rapport. Ce sont : l'article 211, § *c*), l'article 255 et l'article 233, § *b*). Nous y renvoyons tout simplement, puisque la trouvaille dont notre adversaire semble se réjouir à tel point, n'est pas non plus de grande valeur pour sa thèse.

Notre adversaire insiste pour souligner que dans ces articles éparpillés, qu'il a su mettre en relief, il se trouve exprimé, d'une manière ou d'autre, que les dispositions que contiennent les textes en question, ne jouent que dans les cas où il s'agit d'un traitement discriminatoire. Il en tire l'argument que les auteurs du Traité de Trianon auront dû penser, par esprit de symétrie, à une pareille condition aussi à l'article 250.

Evidemment, c'est une argumentation tout à fait arbitraire. Au contraire, d'après les règles de l'interprétation tout aussi bien grammaticale que logique, **il ne se laisse tirer un autre argument du fait, à savoir que cette condition expresse se trouve aux endroits cités et ne se trouve point dans l'article 250, que les auteurs des Traités n'ont pas voulu précisément poser cette condition à l'article 250.** C'est diamétralement l'opposé de ce que notre adversaire soutient, mieux dit, à quoi il voudrait aboutir.

Les auteurs du Traité de Trianon ont pu avoir leurs bonnes raisons pour ne pas mettre la condition du traitement différentiel à l'article 250. Nous les comprenons très bien, mais inutile de rechercher davantage leurs motifs, il nous suffit entièrement que cette condition ne se trouve pas à l'article 250. C'est un argument péremptoire.

Avec cela, s'écroule, après sa thèse de la vigueur limitée des dispositions de l'article 250, aussi toute cette hypothèse de la condition du traitement différentiel, à laquelle notre adversaire a pris son dernier refuge.

Après cela, c'est par pur superflu, si pour réfuter encore davantage cette thèse, nous continuons à invoquer contre elle les arguments suivants.

C'est bien malaisé de comparer la situation des biens, droits et intérêts des ressortissants alliés en Hongrie avec celle créée aux biens, droits et intérêts des ressortissants hongrois en territoires transférés, dont seuls traite l'article 250. Car jamais un ressortissant allié ne pourra se trouver dans la même situation qu'un ressortissant hongrois se trouve quant à ses biens restés dans les territoires détachés de la Hongrie. Aucun territoire des Etats alliés n'a été transféré à la Hongrie, aucuns biens de ressortissants alliés ne se trouvent par conséquent sur un territoire sur lequel ce ressortissant allié aurait possédé ses biens entre les limites des frontières de son propre Etat et qui seraient venus à tomber sous souveraineté étrangère uniquement à la suite des dispositions des Traités. Tous les biens des ressortissants alliés dont le Traité de Trianon fait mention comme se trouvant sur territoire hongrois, ont eu toujours et ont encore la qualité de biens possédés à l'étranger. Les ressortissants alliés ne les avaient jamais possédés entre les limites des frontières de leur patrie et ces biens n'étaient jamais la base de l'organisation économique de leur propre pays que l'on aurait démembré. Par contre, tout ce que nous venons de dire est la pure vérité quant aux biens, droits et intérêts des ressortissants hongrois dont traite et veut traiter l'article 250 d'une manière particulière, mais qui correspond entièrement à leur situation également particulière. Il ne fait pas l'ombre de doute que l'on s'engage en fausse route en voulant tirer argument de la condition supposée tout à fait égale de ces deux sortes de biens, car cette condition n'est pas tout à fait égale, elle est inégale dans le sens que les biens hongrois en territoires transférés méritent et ont besoin d'une plus forte protection.

Il y a plus. Parmi les articles que notre adversaire a découvert en fouillant d'un bout à l'autre le Traité, c'est encore l'article 233 qui pourrait être mis, à la rigueur, d'une manière vague, en parallèle avec l'article 250. Malheureusement quant à cet article, nous devons faire à notre adversaire le reproche d'en avoir donné une citation tronquée. Le paragraphe *b*) de cet article n'a pas la teneur que notre adversaire lui donne dans sa réplique, mais la suivante :

« *b*) à ne soumettre les biens, droits et intérêts des ressortissants des Puissances alliées ou associées à aucune mesures portant atteinte à la propriété qui ne soient pas appliquées également aux biens, droits ou intérêts de ressortissants hongrois **et à payer des indemnités convenables dans le cas ou ces mesures seraient prises** ».

Cet article à son paragraphe *b*) n'exige donc pas seulement que les biens des ressortissants alliés soient traités dans tout le territoire de la Hongrie également aux biens des ressortissants hongrois, il exige aussi que, même s'ils sont traités également, mais que si la mesure dont il y est question porte atteinte à la propriété, indemnité soit payée au propriétaire.

A supposer même, sans le concéder, que la réforme agraire que la Roumanie a introduite en Transylvanie, ne soit pas une mesure différentielle à l'égard des Hongrois, est-ce qu'elle leur accorde une indemnité convenable? Toute l'Europe retentit de la rumeur que **la Roumanie prend les terres des Hongrois en Transylvanie en leur accordant une indemnité nominale de 0 à tout au plus 1 % de leur valeur réelle.** L'annexe le démontre.

L'article 233 n'exige pas seulement traitement égal, mais il exige aussi indemnité convenable. Si l'article 233 est donc la contre-partie à l'article 250, pourquoi notre adversaire examine les faits dont il s'agit seulement sous le jour du traitement différentiel, et non pas aussi du point de vue de l'indemnité?

Il paraît que notre adversaire ne peut pas donner une définition plus exacte des mesures défendues par l'article 250 que celle qui se trouve dans sa réplique, à savoir :

« Inutile de discourir davantage et de chercher à l'infini la définition de cette mesure-là : nous en sentons tous la nature et la portée ».

Evidemment, ce n'est pas une définition. Mais même si elle en était une, est-ce que notre adversaire aurait le courage de prétendre que même en ce sens ne serait pas de telle mesure défendue tout acte qui enlève leur propriété aux ex-ennemis et ne leur accorde comme indemnité que de 0 à tout au plus 1 % de la valeur réelle?

De pareils actes n'ont pu se produire que pendant la guerre ; encore tout le monde s'en était récriés alors. Les Traités les appellent de noms tout neufs dans l'histoire du droit des gens : « mesures de guerre », « mesures de disposition ». Les Traités ont permis leur continuation aux Alliés dans certains cas même après la guerre. Employés après la guerre, on les appellent par abréviation : « liquidation ».

Jamais le droit des gens des peuples civilisés n'a admis ces procédés en principe comme étant de règle.

Les auteurs des Traités cherchent à les excuser par l'allégation d'une situation exceptionnelle créée par l'Allemagne et à les atténuer par l'obligation imposée aux Etats vaincus d'indemniser complètement leurs ressortissants victimes de telles liquidations effectuées par les Etats alliés. C'est par cette indemnité indirecte que l'idée de l'inviolabilité de la propriété privée veut être sauvée.

On peut voir de tout cela que ni la notion de la « mesure de guerre », ni celle de la « liquidation » n'est une notion juridique, tant s'en faut, le droit des gens les défend. A la vérité, elles sont des notions économiques, de véritables armes au service de la guerre économique. C'est à ce critère que l'on les reconnaît le plus infailliblement. Il en résulte en même temps que, comme tous les engins de guerre, ces mesures sont très variées, très ingénieuses, et cherchent souvent à se cacher tout en restant les plus pernicieuses. Il ne faut pas oublier non plus que les Traités de paix n'ont pas mis fin complètement à la guerre économique. Au contraire, les Etats vainqueurs sont admis à la continuer unilatéralement sous certaines formes et sur certains territoires. Il n'est que très naturel que cette guerre économique admise, menace quelquefois de débordements. Une des institutions appelées par les Traités de paix à empêcher tels débordements, sont précisément les Tribunaux arbitraux mixtes. Ils devraient être les plus efficaces, ayant faculté d'examiner les cas individuels.

Mais il ne suit pas de ce que les « mesures de guerre » et les « liquidations » sont en tout premier lieu des notions appartenant à la guerre économique, qu'elles ne pourraient pas être saisies du tout juridiquement. Il y a des moyens. Ce sont peut-être en dernière analyse les principes généraux du droit des gens concernant les biens ennemis et étrangers qui peuvent nous servir le mieux de guide pour les discerner juridiquement et pour dégager leur nature intrinsèque. On pourrait dire, d'une manière très générale, que **les « mesures de guerre » et les « liquidations » sont des procédés qui sont contraires aux principes généraux du droit des gens concernant les biens ennemis et étrangers.**

Nous mettant à ce point de vue, nous osons demander : est-ce qu'une mesure, comme **la réforme agraire de la Roumanie introduite en Transylvanie dès le jour de la victoire qui n'accorde qu'une indemnité nominale de 0 à tout au plus 1 % de la valeur réelle à ses victimes n'est pas le prototype même de cette liquidation d'après-guerre qui est défendue par l'article 250 ?**

Pour en être convaincu, il ne faut pas cette mauvaise foi dont nous accuse, sans raison et sans droit, notre adversaire. Les actes qui enlèvent la propriété des étrangers sans indemnité convenable — indifférent que la mesure soit différentielle ou non — ont été marqués de tout temps au rouge par le droit des gens. On n'a qu'à lire à ce sujet les notes diplomatiques sans nombre qui formulent pour de tels faits des réclamations, en invoquant toujours le droit des gens. Or, contraires même aux principes généraux du droit des gens, concernant la propriété étrangère, ces actes ne peuvent pas être conformes à l'article 250, « Grande Charte » de la protection des biens hongrois en territoires transférés.

En continuant à examiner la réforme agraire roumaine sous le jour de la notion de la « liquidation », nous arrivons même à poser la question, comme nous le faisions déjà dans notre réponse : est-ce que la manière de liquidation que la Roumanie poursuit par sa réforme agraire, correspond-elle au moins aux autres exigences formulées par les Traités pour endiguer et réglementer la guerre économique? Est-ce que la Roumanie fait porter, par exemple, à sa charge sur le compte des réparations, les milliards d'or dont elle bénéficie en prenant pour rien sous le titre de la réforme agraire la propriété immobilière de ses ex-ennemis? Pas du tout! Si nous continuons notre examen, nous trouvons qu'il y a ici double, sinon triple infraction aux dispositions des Traités, à savoir : 1. la Roumanie liquide les biens des Hongrois même sur les territoires prohibés ; 2. elle va même au delà des conditions de la liquidation permise ailleurs, en ne livrant pas à la caisse commune des réparations le bénéfice qu'elle réalise ; 3. en ne livrant pas au moins aux victimes directement cette indemnité convenable que même les Etats nouveaux doivent payer en liquidant là où il leur est permis de liquider.

Qui fait plus, fait aussi le moins qui est englobé dans le plus. Qui enlève sans indemnité aucune, fait plus que liquider avec indemnité convenable.

Mais nous ne voulons pas suivre notre adversaire en entrant dans la discussion de la question du fond.

Une chose est sûre et certaine — si modeste que nous soyons dans nos exigences — c'est que quand un trait caractéristique n'est pas prévu expressément par le texte qui doit être appliqué, comme le trait-caractéristique du traitement différentiel n'est pas prévu par l'article 250, alors cette question ne peut être examinée **a limine litis** et une demande exceptionnelle concernant l'incompétence ne peut être basée sur elle.

La réforme agraire de la Roumanie en Transylvanie enlève la propriété immobilière aux ressortissants hongrois sans indemnité réelle, alors que même la liquidation d'élimination n'est permise aux nouveaux Etats en dehors du territoire de l'ancienne Monarchie austro-hongroise que contre indemnité équitable. (Voir l'article 232, litt. i.) Que cette mesure soit par dessus le marché différentielle, n'est pas nécessaire. Le traitement différentiel peut livrer aussi un trait caractéristique pour qualifier liquidation un acte, mais il n'est pas le trait caractéristique unique et indispensable. S'il l'était, alors l'article 250 se serait exprimé de cette façon et n'aurait pas fait sa longue énumération on ne peut pas plus extensive de tous les genres de mesures possibles et imaginables.

Ce qui seul importe pour le moment, c'est-à-dire pour décider sur la compétence, c'est que les actes commis dans le cadre de l'exécution de cette loi de réforme agraire par les autorités roumaines à l'égard des biens des ressortissants hongrois sis en territoires transférés sont attentatoires à leur droit de propriété garanti par l'article 250, et que par conséquent les ressortissants hongrois ont le droit d'exiger que les Tribunaux arbitraux mixtes examinent individuellement les cas dont ils se plaignent.

Pour le demandeur indigent :

(Signé) L. GAJZÁGÓ,

Agent général du Gouvernement hongrois.

ANNEXE

L'article 50 de la loi de la réforme agraire, ayant vigueur en Transylvanie, au Banat et dans les régions de la Crisana et de Maramures, a la teneur suivante :

« Le prix des terrains soumis à l'expropriation par la présente loi est fixé par des jugars cadastraux (1), par catégories et qualités de terre. Il est déterminé à l'aide de tout élément d'appréciation, ainsi que : prix de vente de la terre dans la commune et dans le voisinage en 1913, le taux capitalisé à 5 % du fermage régional à la même époque, évaluation établie par les institutions de crédit, revenu net du jugar, impôt foncier et autres données se rapportant à la terre durant les cinq années jusqu'à 1913, **mais le prix ne pourra en aucune manière être supérieur au prix de 1913. Le prix sera calculé en lei. Pour l'établissement du prix, le leu est considéré comme égal à la couronne.** »

Décréter que le prix de 1913 doit être le prix de l'indemnité, équivaut à la frustration du propriétaire de la différence qui existe entre la valeur de la même somme nominale de monnaies en lei en 1913 et au jour de l'expropriation. Cette différence est énorme.

Ne pas tenir compte de la différence de ce 5 % qui existait entre la valeur de la couronne or et du leu or en faveur de la couronne, différence relativement petite, le calcul suivant est à faire.

En 1913 un leu en billet de banque était égal, ou à peu près, à un leu or, égal de sa part à un franc or, tandis qu'aujourd'hui le Napoléon or cote à Bucarest 800 à 850 lei papier (2), ce qui veut dire que 40 à 42,50 lei en billet de banque valent un leu or. Cela signifie que le propriétaire exproprié ne reçoit qu'un quarantième ou quarante-deuxième, c'est-à-dire à peu près 2 ½ % de la véritable valeur de sa propriété.

L'article 85 de la même loi décrète que :

« Le payement du prix revenant au propriétaire peut se faire en argent comptant ou en titres de rente amortissables en 50 ans et portant intérêt de 5 % par an. La valeur nominale est comptée, au payement, égale à la valeur réelle, etc. »

En pratique, le payement ne se fait jamais au comptant. Au contraire, il existe une instruction qui exige même que les expropriés déclarent par écrit, avant que l'indemnité leur soit versée, qu'ils sont très contents de l'indemnité et n'ont plus rien à réclamer. Le résultat en est que presque personne ne se donne la peine d'aller toucher l'indemnité. Dans ce cas l'indemnité est même formellement nulle.

Elle serait nulle, ou presque, même dans le cas où l'on accepterait les titres, puisque les titres de l'Etat roumain, même libellés en livres sterling, transmissibles, et payables à Londres ou à Paris, ne cotent que 40 % de leur valeur nominale (3). Employant même ce cours aux titres de rente servant à l'indemnisation des expropriés, on arrive, au lieu des 2 ½ % susmentionnés de la valeur réelle, seulement à 40 % de ces 2 ½ %, à savoir à peine à 1 % de la valeur véritable. Encore ne faut-il pas oublier que ces titres ne sont pas libellés en livres sterling, mais en lei papier, et ils sont payables, respectivement amortissables à Bucarest, et intransmissibles pour le moment. Leur valeur est par conséquent sujette à l'appréciation individuelle. C'est tout au plus, si on les estime à 40 % de leur valeur nominale, tout comme le cours à l'étranger des autres titres sur l'Etat ; mais quelques-uns les estiment à zéro. La différence n'est pas grande, étant donné que ni de l'une, ni de l'autre manière on n'arrive à plus de 1 % de la valeur réelle des immeubles expropriés, ce qui n'est pas loin de zéro.

---

(1) Un jugar cadastral = 0.5754 hectare.

(2) Universul du 27 mars 1926, page 4.

(3) L'Emprunt roumain consolidé à 4 % de 1922 à valeur nominale de 10 livres sterling a coté à Paris le 15 février 1926 528 francs, ce qui équivaut pas même à 40 % de la valeur nominale, vu que le cours de la livre sterling était en même temps de 132,40.

Au
Tribunal arbitral mixte roumano-hongrois

Paris.

Cause N° 272.
Comtesse Nicolas Széchen
c. l'Etat roumain.

DUPLIQUE DU DEMANDEUR

Présentée à la Réplique de l'Etat roumain,
du chef de l'exception incidente contre la compétence.

Monsieur le Président,

I.

Avant d'entrer dans la discussion de la divergence d'opinion qui nous sépare de notre adversaire, il nous faut bien retenir une déclaration faite par le défendeur dans la Réplique, et qui est de notre avis d'une importance considérable.

Dans la demande exceptionnelle le défendeur se plaçait au point de vue que, pour être de la compétence du Tribunal arbitral mixte, les réclamations doivent porter contre des mesures investies d'un caractère *double*. savoir : 1° contre des mesures de guerre, frappant les ex-ennemis seuls, et 2° contre des mesures qui ont été appliquées entre le 3 novembre 1918 et la mise en vigueur du Traité de Trianon.

Dans la Réplique, sans doute en vue de simplifier et faciliter la décision du Tribunal, le défendeur fait tomber la seconde de ces conditions. Il déclare dans cette Réplique que la seconde condition n'a aucun intérêt pratique en l'espèce.

Nous faisons nôtre cette opinion modifiée de notre adversaire, et même nous nous permettons de lui rappeler que dans une autre cause il a fait encore plus dans cette ligne et a précisé loyalement que « conformément à l'article 250 du Traité de Trianon, l'Etat roumain n'est en droit de saisir et liquider pareils biens, *ni avant*, *ni après* la mise en vigueur du Traité ». Nous prenons acte de cet aveu du défendeur et lui savons gré de ne vouloir plus s'en tenir à des raisonnements dénués de toute valeur pour l'issue finale de l'affaire.

Nous voulons suivre le défendeur sur ce chemin et nous restreindre strictement à la réfutation de ses arguments contenus dans la Réplique.

II.

Dans notre raisonnement nous nous bornerons dans les limites du possible à la question de compétence, en évitant les considérations touchant le fond de l'affaire. L'exception d'incompétence est une exception de procédure, partant, nous omettrons de nous occuper du mérite des arguments de l'adversaire ayant trait au fond. Nous essayerons de tracer une ligne de démarcation précise entre la question de compétence et la question du fond et nous tâcherons de démontrer que les arguments de notre adversaire touchent exclusivement le fond de l'affaire, où ils seront discutés amplement et avec tous les soins qu'ils méritent, mais qu'ils sont de nulle vigueur vus sous l'angle de l'exception d'incompétence.

Quelle est donc la substance de la thèse modifiée de l'adversaire?

En se déchargeant de tout poids superflu de sa première pièce (l'époque des mesures prises, traitement différentiel, manque d'indemnité), il ne retient que ceci : L'article 250 du Traité nous renvoi à l'article 232. Pour savoir ce qui est interdit par l'article 250, il faut savoir ce qui est permis par l'article 232. Or, l'alinéa *b*) de l'article 232, accorde aux Puissances alliées le droit de retenir et liquider les biens, droits et intérêts ex-ennemis, c'est alors cette liquidation des biens ex-ennemis, qui est interdite par l'article 250.

Par conséquent, de l'avis du défendeur, la règle de l'article 250 n'est applicable qu'aux mesures qui se dirigent exclusivement contre la propriété ex-ennemie et qui frappent les biens ex-ennemis *comme tels*. Et notre adversaire conclut que l'application d'une loi agraire générale contre les biens hongrois ne tombe pas sous l'article 250.

Le défendeur a tout de même senti un certain malaise par suite de ce raisonnement. Il a deviné que son argument n'a pas beaucoup de rapports à la question de compétence et touche principalement le fond de la question. Par conséquent, il a jugé opportun de constater à la fin de sa pièce qu'un tribunal en statuant de sa compétence, doit déjà *in limine litis* savoir si, *de par sa nature* la mesure faisant l'objet de la plainte *est ou non de sa compétence*.

Qu'il nous soit permis de nous occuper en premier lieu de cette thèse du défendeur.

La thèse qu'un tribunal n'est pas compétent, *si la nature des faits* sur lesquels la réclamation se base est en contradiction manifeste avec les règles qui déterminent sa compétence, est très soutenable.

Le Tibunal, et surtout un Tribunal à compétence limitée, en statuant de sa compétence, a donc le devoir de jeter un coup d'œil sur le fond de l'affaire. Il doit le faire au fur et à mesure qu'il le juge nécessaire pour pouvoir statuer sur sa compétence. Il ne doit pas franchir cette limite, car autrement il devrait connaître du fond déjà *in limine litis*, c'est-à-dire avant que les parties eussent eu l'occasion de déposer toutes leurs preuves relatives au fond, ce qui est évidemment inadmissible.

Le Traité de procédure civile française le plus au point, celui de E. Glasson, membre de l'Institut, émet sur cette question: « Il peut arriver que, pour statuer sur sa compétence, s'il le fait par un jugement séparé, un Tribunal ait à examiner le fond du procès, par exemple, un contrat passé entre les parties. *En principe il doit le faire dans la mesure où cela est nécessaire.* Il doit apprécier, disent les arrêts, la nature et le caractère des faits qui déterminent sa compétence. » (Troisième édition, Tome I, p. 693.)

Mais il y a une autorité beaucoup plus haute qui s'est déclarée sur cette question même. C'est la Cour permanente de justice internationale dans son arrêt N° 6. « Affaire relative à certains intérêts allemands en Haute-Silésie polonaise. » Les allemands ont porté un litige devant cette Cour, en alléguant que certaines mesures prises par la Pologne constituent des liquidations interdites par le Traité de Versailles et la Convention de Genève. Le Gouvernement polonais a contesté ce point de vue et a soulevé une exception d'incompétence. Et la Cour déclare :

« Il est évident que la compétence de la Cour ne saurait dépendre seulement de la manière dont la requête est formulée ; d'autre part, elle ne peut être écartée par le seul fait que la partie défenderesse soutient que les règles de droit applicables en l'espèce n'appartiennent pas à celles pour lesquelles la compétence de la Cour est reconnue. La Cour doit en première ligne examiner si elle puise dans l'article 23 de la Convention de Genève le pouvoir de connaître du litige dont elle est saisie, et notamment si les dispositions auxquelles il faut recourir pour décider sur la requête, sont parmi celles au sujet desquelles la compétence de la Cour est établie. »

« Dès lors, la Cour, en vue de la décision qui lui est maintenant demandée, estime devoir aborder l'examen visé ci-dessus quand même cet examen devrait l'amener à *effleurer des sujets appartenant au fond de l'affaire*, étant bien entendu toutefois que rien de ce qu'elle dit dans le présent arrêt ne saurait limiter sa complète liberté d'appréciation, lors des débats sur le fond, des arguments éventuellement apportés de part et d'autre sur ces mêmes sujets. »

Nous avons dit plus haut, que le Tribunal jette un coup d'œil sur le fond. La Cour déclare avec plus de relief qu'il *effleure* des sujets appartenant au fond. Ceci revient au même. Le traité de Glasson dit encore la même chose. Le trait commun dans toutes ces opinions est que l'examen du fond aux fins de l'incidence de compétence n'est pas définitif et ne s'étend pas sur toute la surface de la question litigieuse, mais cet examen est provisoire et se borne strictement à des limites nécessaires pour connaître de la compétence. C'est tellement évident que la Cour dans son arrêt précité a jugé utile de souligner à deux reprises, qu'elle « ne saurait dans sa décision sur cette exception, préjuger en rien de sa décision future sur le fond ».

Il s'agit donc d'un examen provisoire, d'un envisagement des contours juridiques de la réclamation, d'un scrutin prima facie *de la physionomie de l'affaire.*

Et maintenant essayons l'application des règles émises par ces hautes autorités dans notre cas spécial.

Le demandeur se plaint que sa propriété lui a été enlevée par l'Etat roumain et cela sans aucune indemnité ou presque.

L'Etat roumain répond que tout ce que le demandeur allègue est bien vrai, mais la nature des mesures portées contre le demandeur n'est aucunement identique avec celle des mesures énumérées dans l'article 250 du Traité, base de la compétence du Tribunal arbitral mixte.

Et quel est le devoir du Tribunal? C'est d'envisager les traits communs de toutes les mesures énumérées dans l'article 250, en dessiner les contours assez largement pour que tous les cas y soient contenus et se demander si la réclamation dont il s'agit *peut entrer dans ce cadre.*

L'article 250 parle toujours des biens, droits et intérêts des Hongrois situés « sur les territoires de l'ancienne Monarchie austro-hongroise. » C'est pour ainsi dire la base territoriale de toutes les réclamations. Quant aux mesures contre lesquelles il protège les biens hongrois, son vocabulaire est plus varié. Sont mentionnées spécialement la saisie, la liquidation, toute autre mesure de disposition, d'administration forcée ou de séquestre, et il y a encore une clause générale : « toute mesure de ce genre ».

De quel « genre » s'agit-il donc dans l'espèce? Quel est le dénominateur commun de toutes ces mesures? Il est bien évident qu'il s'agit de l'attitude de l'Etat envers la propriété privée, l'empiètement de l'Etat sur cette propriété, en forme de la privation de la libre possession (saisie, administration forcée, séquestre, etc.), ou bien de l'affectation même de cette propriété (liquidation, mesure de disposition).

Nous ne croyons même pas que notre adversaire veuille nier qu'une telle affectation de la propriété privée des Hongrois située sur le territoire transféré ait été opérée par l'Etat roumain.

N'étant pas contesté qu'une telle affectation de la propriété du demandeur a été faite, la question ultérieure n'appartient plus à l'exception d'incompétence, si le défendeur dispose d'autres moyens de défense par lesquels il pourra justifier son procédé dans un cas spécial. Et cela d'autant moins, car toute la matière qui sera nécessaire pour connaître de cette question ultérieure — le fond même du litige — n'est pas encore déposée par les parties, la déposition de cette matière étant réservée à des pièces par écrit ultérieures, prévues dans le Règlement de procédure du Tribunal.

Une simple privation de la possession, une restriction de la libre disposition sur la propriété, une saisie ou un séquestre aurait déjà suffi pour établir la compétence du Tribunal. Mais le défendeur a fait plus, il a enlevé les biens du demandeur situés sur le territoire transféré. Le mot employé par le Traité aux pareils procédés est la « liquidation », aussi nous nous en servirons. Mais quand nous nous occuperons dans la suite du sens juridique de l'idée de liquidation, telle qu'il se présente dans les Traités de Paix, nous aurons deux réserves à faire au point de vue de la question de compétence :

1° Que pour soutenir cette compétence il n'est pas même nécessaire qu'une liquidation ait été faite. Une simple saisie aurait déjà suffi. Nous estimons que dans le « plus », le « minus » est contenu, dans la mesure affectant la propriété, celle qui porte atteinte à la libre possession et restreint la libre jouissance de la propriété ;

2° Que nous nous servons du terme « liquidation » comme d'un terme général pour les mesures affectant la propriété. L'article 250 ne nous limite pas à ce terme, il y a d'autres termes aussi et encore la clause générale « toutes mesures de ce genre ». En parlant de liquidation nous considérons donc que cette notion comporte toutes les mesures affectant la propriété, dont mention est faite dans l'article 250 du Traité.

III.

Quel sens le Traité de Trianon confère-t-il à l'idée de liquidation? C'est un sens tout à fait nouveau et qui est la fin d'une longue évolution.

Dans le domaine des affaires, liquidation signifie la réalisation d'une affaire, en percevant les créances et en payant les dettes. En continuant son développement elle s'applique dans le domaine du droit à des procédés multiples et nombreux. Nous parlons de la liquidation d'une succession, en fixant l'actif et le passif et en déterminant les droits des parties intéressées. La liquidation d'une communauté entre époux, fixe les droits du survivant sur l'actif de la communauté. La liquidation d'une société équivaut à sa dissolution, par le payement des dettes, fixation des quote-parts des associés et partage de l'actif entre eux.

En résumé, liquidation signifie toujours la réalisation d'une affaire en marche et la transformation des biens d'une personne physique ou morale en numéraire, par la réalisation des valeurs en possession de cette personne. La résultante d'une liquidation est dans la plupart des cas un avoir en numéraire, savoir la balance du bilan.

Le sens nouveau que les Traités de Paix ont ajouté à l'idée de liquidation, comporte l'attitude spoliatrice de l'Etat à l'égard de la propriété privée. Dans les clauses économiques des Traités, un système abandonné depuis des siècles a été repris : la responsabilité de la propriété privée pour les obligations de l'Etat, et dans ce système la liquidation est le canal par lequel la fortune privée des ex-ennemis s'écoule dans le trésor de l'Etat vainqueur. En élaborant ce système, les rédacteurs des Traités se sont forcément souvent servi de l'expression « liquidation », aussi est-elle un des lieux communs du vocabulaire des Traités.

Le sens général que les Traités de Paix donnent à l'expression « liquidation » n'est donc aucunement équivoque. Liquidation signifie dans les Traités, toujours une mesure de contrainte par lequel l'Etat s'empare de la fortune privée des ressortissants ennemis ou ex-ennemis, en vue de la réaliser et en se réservant le produit net de cette réalisation.

Les Traités contiennent une définition authentique de ce procédé. Dans l'Annexe à la Section IV, *les mesures de guerre* d'une part, et *les mesures de disposition* d'autre part, sont définies. Les unes sont opposées aux autres. Les mesures de guerre sont celles qui ont pour but d'enlever aux propriétaires la libre disposition de leurs biens, sans affecter la propriété elle-même.

Par contre, les mesures de disposition ont pour effet que la propriété change de mains. Et la liquidation est expressément rangée parmi les mesures de disposition.

L'alinéa 2 de l'article 3 de l'annexe IV est ainsi conçu :

« Les « mesures de disposition » sont celles, qui ont affecté ou affecteront la propriété des biens ennemis en transférant tout ou partie à une autre personne que le propriétaire ennemi, et sans son consentement, notamment les mesures ordonnant la vente, *la liquidation*, la dévolution de propriété des biens ennemis, l'annulation des titres ou valeurs mobilières. »

Pourrait-on rédiger une définition d'une manière plus classique? Aussi le Recueil des décisions des Tribunaux arbitraux mixtes contient-il des centaines de décisions en cette matière, sans que jamais le sens de l'idée de liquidation ait été mis en doute. Il y a deux caractères à cette idée :

1° Qu'un transfert de propriété ait été effectué ;

2° Que la mesure doit être prise sans le consentement du propriétaire.

Il n'y a pas d'autres conditions. Ni que les mesures soient différentielles, c'est-à-dire qu'elles portent *seulement* contre les ex-ennemis, ni que l'enlèvement de la propriété se soit effectué sans indemnité. Aucune de ces conditions ne découle du texte des Traités. Aussi les Tribunaux arbitraux mixtes n'ont jamais exigé ces dernières conditions en jugeant de la responsabilité pour des liquidations.

Les motifs des mesures prises sont également irrelevants et c'est uniquement le résultat qui importe. Aussitôt que comme résultat d'une mesure prise, l'enlèvement forcé d'une propriété ex-ennemie se produit, le cas de liquidation est posé.

Et pourrait-on nier que les deux caractères essentiels de la liquidation soient contenus dans notre réclamation?

La Roumanie porte une loi, quelques jours après la mise en vigueur du Traité de Trianon. Dans cette loi elle ordonne l'enlèvement des biens-fonds avec une formule en apparence tout à fait générale, mais par des stipulations, dont il résulte, que les personnes frappées par cette loi sont surtout des Hongrois, c'est-à-dire ou ressortissants hongrois, ou bien personnes de race hongroise. Le demandeur, ressortissant hongrois, atteint par cette loi, soulève une réclamation contre elle. Son bien-fonds lui a été enlevé par l'Etat roumain et sans son consentement. Pourrait-on affirmer qu'il n'y a pas eu du tout liquidation dans ce cas? Et, dans le cas négatif, sur quoi base-t-il donc l'exception contre la compétence du Tribunal arbitral mixte?

IV.

Il y a aussi liquidation dans le droit commun et le demandeur ne va pas aussi loin en affirmant que toute liquidation des biens hongrois serait « tabou » pour se servir d'une expression favorite du défendeur.

Dans le droit public de tous les pays civilisés, il existe des cas où l'Etat procède aux liquidations, c'est-à-dire qu'il enlève le bien privé, sans le consentement du propriétaire. Dans certains cas spéciaux, précisément prescrits par les lois, pour raisons de l'intérêt public, l'Etat porte atteinte à la propriété privée, en ordonne la cession, mais il indemnise en même temps loyalement le lésé par cette procédure. On connaît bien le régime des expropriations dans les systèmes du droit européen. Il serait absurde de prétendre que si un cas d'une expropriation commune se présentait, le ressortissant hongrois aurait le droit de se dresser comme un rocher et empêcher le développement des voies ferrées, de la canalisation ou des industries importantes d'un pays.

Mais où sont les limites — demandera-ton — entre une « liquidation » et entre une simple expropriation ou une autre mesure tolérable qui frappent également la propriété?

Nous avons déjà essayé dans notre réponse à la demande exceptionnelle d'esquisser cette ligne de démarcation. Nous ne l'avons fait que très sommairement et nous nous réservons de compléter notre thèse lors des débats sur le fond.

L'opinion que nous avons développé a pris comme point de départ l'état du droit public dans les pays civilisés lors de la conclusion des Traités de Paix, mais abstraction faite de toute législation de guerre. Le droit public des pays civilisés a accordé aux Etats une certaine puissance sur la propriété privée. La mesure et les limites de cette puissance ont trouvé leur première rédaction dans la Déclaration des droits de l'homme, pendant la Révolution française, dont l'article 17 est ainsi conçu : « La propriété étant un droit inviolable et sacré, nul ne peut en être privé, si ce n'est lorsque la nécessité publique, légalement constatée, l'exige évidemment et sous la condition d'une juste et préalable indemnité ».

Il appartient bien sûr à la souveraineté de chaque Etat à statuer sur les cas de la nécessité publique, où il atteint la propriété. Néanmoins le développement du droit public des pays civilisés s'est produit, quant à ce point assez identiquement. L'équilibre entre les droits de la collectivité et entre les droits individuels, le droit de propriété étant de ces derniers, s'est établi sur la même ligne ou presque dans tous les pays civilisés.

Nous estimons donc que les mesures interdites par l'article 250 du Traité, c'est-à-dire les liquidations, mesures de disposition, etc., sont des mesures telles, qui sont au-delà des limites des mesures connues et sanctionnées par le droit public des pays civilisés. C'est une affectation plus profonde de la propriété privée par l'Etat, un empiètement surpassant celui connu déjà avant la guerre, qui est interdit par le Traité de Trianon. On a voulu garantir comme minimum cette sauvegarde de la propriété privée, ce degré de l'intangibilité de cette propriété, dont jouirent les sujets des parties contractantes du Traité dans leur propre pays, et cela avant que la liquidation de guerre ait commencé à bouleverser l'évolution tranquille du droit public européen.

V.

Il est bien possible qu'un demandeur s'adresse au Tribunal arbitral mixte avec une réclamation qui ait pour base une liquidation, sans que cette réclamation soit bien fondée. Le Tribunal arbitral mixte toutefois ne devra pas le débouter à cause d'incompétence, car la juridiction confiée au Tribunal arbitral mixte par l'article 250 est justement celle de connaître des cas de liquidation. A discerner s'il y a eu infraction au Traité ou non, *quand il n'est pas douteux* qu'une liquidation a été opérée, est déjà l'œuvre de la discussion du fond, et non celle de l'exception d'incompétence. Il n'entre certainement pas dans les vues du Tribunal arbitral mixte de se soustraire à cette tâche bien rude il est vrai, mais dont dépend le sort de tant d'existences.

Il est très facile de faire la preuve de notre raisonnement. La raison d'être principale de la règle de compétence contenue dans l'article 250 est sans doute qu'on voulait mettre à l'abri des Tribunaux nationaux des Etats successeurs la fortune privée des Hongrois dans les territoires transférés. De cette prémisse il se dégage nécessairement la conséquence que le Tribunal arbitral mixte doit discuter dans le fond toutes les réclamations où il est question de liquidations ou de pareilles mesures. Par ailleurs, si le Tribunal arbitral mixte se déclarait incompétent dans tous les cas, où l'Etat défendeur établirait que le transfert de propriété n'est pas en l'espèce le résultat d'une mesure de disposition, mais d'une loi générale qui ne vise pas les ex-ennemis, il dénierait la justice à toute une catégorie de réclamations justes et bien fondées. Les cas les plus flagrants de liquidations illicites resteront sans instance, ceux où l'Etat intéressé a procédé à une liquidation déguisée sous une forme apparemment correcte et par détournement de pouvoir, a abusé de ses propres lois au préjudice de ses obligations internationales. Le pavillon ne doit pas couvrir toutes sortes de marchandises. Et ce serait bien absurde de renvoyer les victimes de ces procédés avec leurs plaintes aux Tribunaux nationaux du même Etat dont la mauvaise foi s'est révélée manifestement et de constituer en juge le défendeur même.

Essayons la justesse de notre raisonnement sur une pierre de touche. Mettons le cas où un des Etats successeurs en appliquant une loi sur les expropriations, qui était déjà en vigueur avant la guerre, aurait exproprié aux fins d'une canalisation le bien-fonds d'un ressortissant hongrois. Ce dernier s'adresse au Tribunal arbitral mixte, mais ce Tribunal se déclare incompétent par les motifs semblables à ceux contenus dans la réplique du Gouvernement roumain. Serait-ce un résultat rassurant et qui correspondrait aux principes de la justice et de l'équité?

Bien loin de là ! N'est-il pas toujours possible que l'Etat intéressé ait appliqué en pur prétexte la loi sur les expropriations, pour cacher ses intentions discriminatoires et confiscatoires?

L'Etat pourrait procéder à outrance à l'expropriation de la moitié des propriétés avec le prétexte qu'il se propose d'établir une canalisation plus étendue que celle en Hollande. Un tel procédé serait sans doute en contradiction manifeste avec le Traité de Trianon. Mais si la demande était rejetée à cause d'incompétence, une réclamation juste resterait sans remède. Ce n'est que pendant la discussion du fond, que l'ensemble de faits pourra être établi, toute la matière de preuves bien pesée, et enfin la vraie physionomie de la cause mise en lumière.

On peut construire d'autres cas hypothétiques où l'Etat ne franchit nullement les limites de sa législation ordinaire et toutefois une saisie ou liquidation interdite par le Traité se produit comme résultat. Mettons le cas de la perception d'un impôt quelconque contre un contribuable hongrois dans un des Etats successeurs. Personne ne pourrait contester que les ressortissants hongrois ne soient pas soumis aux lois financières des Etats successeurs et ces Etats ont certainement le droit de percevoir des impôts par les méthodes prescrites dans leur propre législation. La saisie mobilière et immobilière est une méthode de l'exécution forcée commune à toutes les législations. L'Etat procède à la saisie immobilière en vue de percevoir l'impôt foncier. Est-il bien sûr, qu'une liquidation ne soit pas cachée sous cette procédure? Aucunement. N'est-il pas toujours possible que les autorités de l'Etat intéressé aient imposé le contribuable d'une manière injuste et contraire aux lois, aux fins que la perception de cet impôt le prive de sa propriété. Et serait-il juste d'écarter du Tribunal arbitral mixte la réclamation de ce demandeur?

Qu'on ne nous réponde pas, que de cette manière, un privilège serait établi pour les ressortissants hongrois, équivalant à une exemption des lois nationales. Mais ce n'est pas le cas. D'abord, cette exemption ne serait pas un affranchissement aux lois, mais seulement un *privilegium fori*. Et ensuite, ce privilège même serait bien limité, car il ne comprendrait que des cas où la « liquidation » des biens hongrois s'est produite comme résultat de la mesure prise.

Et quand une simple expropriation en vue d'une canalisation où la perception d'un impôt fait déjà surgir des problèmes, qui ne pourront trouver une solution rassurante que par la discussion du fond de la réclamation, combien à plus forte raison est-ce le cas pour l'application de la réforme agraire.

Les lois agraires des Etats successeurs sont des lois politiques, ceci est notoire.

Il existe toute une littérature internationale qui accuse les Etats successeurs d'avoir caché sous la devise bien résonnante de réforme agraire leur intention déguisée de supprimer la race hongroise restée sur leur territoire. Les requérants hongrois ont le bon droit, solennellement assuré à eux par le Traité de Trianon, de connaître le point de vue du Tribunal arbitral mixte sur cette question. La source de toute inquiétude sera éteinte par la réponse définitive donnée dans le fond de l'affaire. Ils doivent savoir, si les liquidations opérées contre leurs biens sont en contradiction ou non avec les obligations internationales de la Roumanie.

Mais ils ne méritent surtout pas de recevoir de la part du Tribunal arbitral mixte une réponse de Sphinx, qui leur dirait : « Vous avez peut-être raison, mais nous ne voulons pas vous le dire. Pour connaître la vérité, adressez-vous aux Tribunaux roumains ! »

L'institution des Tribunaux arbitraux mixtes est une forte circonstance atténuante à maintes rigidités des Traités de Paix. C'est le dernier espoir de beaucoup de désespérés, frappés cruellement dans leurs intérêts vitaux par quelque dure disposition ou souvent par une interprétation mal fondée, donnée par un des Etats intéressés à une disposition quelconque.

Ce sont les premiers Traités de Paix dans l'histoire moderne qui attaquent les nerfs vitaux des personnes privées. Aussi la conscience de l'humanité s'est-elle éveillée en introduisant une nouvelle instance jusqu'ici inconnue dans la pratique des Etats, une instance judiciaire et de compétence obligatoire, appelée à veiller sur le maintien loyal des dispositions des Traités.

Et les commentateurs illustres français du Traité de Versailles, MM. Gidel et Barrault, parlent aussi au nom des vaincus, quand ils déclarent dans leur œuvre :

« La solution logique de toutes ces difficultés nous paraît être dans la compétence aussi large que possible du Tribunal arbitral mixte sur ce point, comme sur tous les autres où les dispositions du Traité sont obscures ou incomplètes. » (Le Traité de Paix avec l'Allemagne et les intérêts privés, p. 19.)

VI.

Le demandeur ne caresse pas l'illusion que par son raisonnement ci-dessus il aurait réfuté tous les arguments du défendeur contre le mérite de la requête. Parmi ces arguments il y en a quelques-uns qui mériteront sûrement l'attention du Tribunal. Le défendeur a fait en quelques pages un extrait de l'histoire agraire de deux pays, un tour de force auquel nous rendons tous nos hommages. On risque toutefois de graves omissions par cette méthode. Aussi aurons-nous quelques mots à ajouter au compte rendu de notre adversaire et nous faisons d'ores et déjà toutes nos excuses de ne pas disposer du talent du défendeur à nous exprimer d'une manière aussi comprimée.

Nous espérons de pouvoir donner toutes les preuves au Tribunal, concernant les faits suivants :

a) Qu'on peut bien procéder à une réforme agraire, sans confisquer la propriété privée. L'histoire nous en fournit assez d'exemples ;

b) Qu'entre le texte modifié de l'article 19 de la constitution roumaine et les lois agraires roumaines, ainsi qu'elles ont été votées, il y a des différences irréductibles. Ces dernières lois sont des vrais spécimens d'une législation qui serait incompréhensible sans la guerre et sans les Traités qui ont mis fin à cette guerre ;

c) Que le régime de la propriété rurale était en Transylvanie de beaucoup plus avancé qu'en Roumanie ancienne. La nécessité sociale ne poussait donc pas la législation roumaine à introduire une réforme agraire plus sévère pour la Transylvanie que pour les autres parties de la Roumanie. Si elle l'a fait quand même, il en faut chercher ailleurs les mobiles ;

d) Que nous ne contestons pas le droit à la Roumanie de pouvoir légiférer pour la Transylvanie en matière de réforme agraire. Ce serait une vaine attaque à sa souveraineté d'Etat. Mais nous affirmons qu'ayant le pouvoir illimité à introduire tel système de réforme agraire qu'il lui plaira, surpasserait-elle même celle des bolcheviks, pour cette partie de son territoire qu'elle a acquis de la Hongrie, cette liberté est pourtant limitée. Il pourra, bien sûr, procéder à une réforme agraire aussi sur ce territoire. Mais il devra, pourvu qu'elle veuille respecter ses obligations internationales, éviter de tels moyens de réforme agraire en Transylvanie, qui auraient comme effet nécessaire une liquidation des biens hongrois, même si ce résultat n'était pas dans l'intention du législateur.

Le demandeur s'engage de fournir toutes les preuves utiles concernant ces faits et il estime que les considérations de cet ordre amèneront le Tribunal arbitral mixte à rendre sa sentence dans un sens ou dans l'autre. Mais le demandeur n'est aucunement disposé à discuter toutes ces questions, savoir toute la matière du procès, au cours de l'incidente de compétence.

Le défendeur a soulevé une exception. La définition d'une exception est, qu'elle est un moyen de défense qui n'attaque pas le mérite de l'action au fond. Mais le défendeur ne fait rien d'autre. Il combat avec acharnement le fond de l'action, y épuise toutes ses forces, sans honorer même d'un coup d'œil la question de compétence.

L'exception soulevée par le défendeur porte contre la compétence *ratione materiæ* du Tribunal arbitral mixte. Le Tribunal ne pourrait donner lieu à cette exception que si la nature du litige porté devant le Tribunal était en opposition avec les faits déterminant la compétence du Tribunal arbitral mixte. Ce serait le cas, si la requête n'avait pour base aucune liquidation ou saisie ou aucune mesure de ce genre.

Mais nous espérons avoir réussi à démontrer que la réclamation du demandeur, ainsi qu'elle se présente devant le Tribunal arbitral mixte, a bien comme base une liquidation, dans le sens général donné à ce mot par le Traité de Trianon.

Nous avouons en même temps avoir laissé pendante la question de savoir, si les mesures de l'Etat roumain, que nous qualifions comme « liquidations », sont dans le cas spécial incompatibles ou non avec le Traité de Trianon. Mais nous considérons que c'est le fond de l'action, lequel, le Tribunal ne saurait trancher au cours de l'incident de compétence.

La conclusion que nous opposons aux arguments du défendeur, est donc la suivante :

La compétence du Tribunal arbitral mixte prévue dans l'article 250 du Traité de Trianon est générale pour tous les cas de saisies, de liquidations, de mesures de disposition ou de toutes autres mesures de ce genre, pourvu qu'il s'agisse d'un bien hongrois situé sur les territoires transférés.

Les biens du demandeur ont été soumis à de pareils mesures.

Par conséquent : la réclamation du demandeur tombe sous la compétence du Tribunal arbitral mixte et le reste appartient au fond de l'action.

Nous avons donc l'honneur de soutenir notre demande que le Tribunal arbitral mixte veuille se déclarer compétent et entrer dans la discussion du fond de l'affaire.

Budapest, le 2 avril 1926.

(Signé) Ch. CSÁSZÁR,
(Signé) J. LAKATOS,
Avocats.

Au
Tribunal arbitral mixte roumano-hongrois
Paris.

Cause N° 316.
Olivier Almay c. l'Etat roumain.

DUPLIQUE DU DEMANDEUR
en la matière de la compétence

Monsieur le Président,

I

Pour enrayer le champ de la discussion, constatons d'emblée les points qui se trouvent écartés du présent procès par l'attitude de la réplique :

1° La prétention émise dans la demande exceptionnelle comme si pour qu'une plainte puisse être introduite devant le T. A. M, il fallait que la mesure ait été prise depuis le 3 novembre 1918 *jusqu'à la mise en vigueur du Traité*, est évidemment abandonnée par le dernier paragraphe de la page 4 de la réplique. (1)

2° La réplique maintient la prétention qu'il n'y ait pas de « liquidation », mais ne conteste pas :

a) Que mes biens me furent enlevés et le droit de propriété en fut inscrit aux livres fonciers en faveur du Gouvernement roumain et

b) que la contrevaleur me promise (même celle-ci non pas payée) n'équivaut *guère à un pour cent* de la valeur (page 6 de ma réponse). (2)

3° La réplique ne conteste pas que mes biens furent *saisis*. Nous allons voir ci-dessous, que cela suffit en soi-même pour la seule question qui nous occupe actuellement, à savoir celle de la compétence.

II

Encore pour enrayer la discussion nous écartons, du reste, sans en reconnaître l'exactitude, tout ce que la réplique raconte de la politique agraire en Europe et particulièrement en Roumanie. Nous allons voir lors des débats du fond si cette question entre ou n'entre pas dans le cadre des réflexions qui seront à faire pour trancher le litige. Qu'il nous soit permis de remarquer dans ce rapport, et même cela prématurément, que si la Roumanie ou un pays quelconque se propose des mesures confiscatoires parce qu'il les estime utiles ou nécessaires pour sa politique ou pour son ordre social, il peut le faire à ses propres dépens ou aux dépens de ses ressortissants, mais *non pas aux dépens des étrangers.*

Au point de vue du déclinatoire, cette question ne se pose pas.

Ne se pose non plus la question, si cette prétendue réforme agraire s'opère ou ne s'opère pas à mesure égale pour toutes les parties du pays, notamment pour l'ancien Royaume habité par des Roumains de race et pour les territoires nouvellement acquis, et encore par une mesure égale pour les habitants de races différentes de ces nouveaux territoires. Nous savons très bien que ce n'est pas le cas, mais nous sommes profondément convaincus que cette question ne sera pas décisive, même pour le fond du procès, puisqu'il ne s'agit pas de ce qu'il y a ou qu'il n'y a pas de « mesure différentielle ». Mais même si nous avions tort dans ceci quant au fond du procès, c'est-à-dire si le traitement différentiel était décisif pour la solution du fond du litige, il est hors de doute que cette question ne saurait être examinée qu'au fond du procès et que la *possibilité* de tel traitement différentiel en l'espèce, prétendu dans notre requête, nous doit ouvrir en elle-même l'accès au Tribunal.

III

Mon adversaire prétend que l'article 250 ne fait autre chose que défendre pour les territoires transférés les mêmes mesures que l'article 232, alinéa *b*) permet pour les territoires originaires des alliés.

Quoique la question n'ait pas de portée pratique, puisque une analyse approfondie de l'article 232 enseigne que celui-ci n'est guère d'une moindre étendue que l'article 250, nous sommes pourtant d'avis que cette façon de voir du défendeur est inexacte. L'article 250 défend,

(1) Reproduit dans ce recueil à page 60, alinéa 3.
(2) Reproduit dans ce recueil à page 62, alinéa 12.

en effet, *toute atteinte* à la propriété hongroise en territoire transféré (à l'exception, naturellement, des expropriations compatibles avec le droit de propriété reconnu dans la tradition de tous les peuples civilisés et à des conditions auxquelles telle expropriation, conformément au droit des gens, se peut appliquer contre la propriété des étrangers, c'est-à-dire expropriation par suite de l'intérêt général et contre paiement préalable d'une indemnité égalant la valeur, expropriation que nous voulons désigner d'« expropriation régulière » ; telle expropriation constitue une « liquidation », elle aussi, mais une « liquidation » évidemment licite au cas où ses conditions — intérêt général, paiement préalable d'une indemnité convenable — sont présentes).

Ladite étendue de la protection de la propriété hongroise ressort à l'évidence d'une lecture même superficielle de l'article 250 et se renforce si l'on approfondit son contenu. Les termes y appliqués sont les plus larges que l'on saurait s'imaginer. Voilà ce qui est défendu dans cet article :

a) La « *saisie* ». — Arrêtons-nous un moment et constatons deux choses. D'abord que l'article 232, litt. *b*), qui selon le défendeur serait précisément l'inverse de l'article 250, ne contient pas cette expression, puisqu'il parle non pas de « *saisie* ou liquidation » comme l'article 250, alinéa 1, mais des procédés « de *retenir* et de liquider ». Nous allons voir dans son temps que l'article 232, litt. *b*), est excessivement large, lui aussi, et que son interprétation appropriée ne saurait guère conduire, quant à l'étendue de ce qu'il permet, moins loin que l'article 250 quant à l'étendue de ce qu'il défend. L'article 250 est quand même beaucoup plus expresse et c'est en tout cas lui, l'article 250, qui nous occupe. Or, l'article 250 défend en tout cas la « *saisie* ». Cette circonstance nous oblige de nous rendre compte du sens et de la portée de cette expression.

Nous prétendons que déjà cette expression en elle-même démontre que les auteurs du Traité n'ont *nullement borné* la défense prononcée dans l'article 250 à *quelque procédé spécial*, mais que déjà *par ce seul mot de « saisie », la défense comporte une protection absolue contre toute atteinte à la propriété* (toujours abstraction faite de l'expropriation régulière) *voire à toute la possession.*

Notons et soulignons : *l'expression « saisie » est non pas un terme désignant une certaine catégorie spéciale de mesures, mais un nom collectif embrassant toute une série de notions qui, très différentes entre elles, n'ont de commun que ce qu'elles atteignent, à des degrés très divers, soit la propriété, soit la possession, soit la libre disposition d'un bien.*

Il suffit de jeter un coup d'œil dans le Dictionnaire de Droit de Dalloz, page 1288 et suivantes, pour constater que cette expression embrasse des notions particulières pas moins que du nombre de neuf, à savoir : 1) saisie-arrêt ; 2) saisie-brandon ; 3) saisie-conservatoire ; 4) saisie des rentes constituées ; 5) saisie-exécution ; 6) saisie-gagerie ; 7) saisie immobilière ; 8) saisie-revendication ; 9) saisie sur débiteur forain.

Pas de doute que les jurisconsultes, auteurs du Traité, ont agi *sciemment en appliquant non pas la désignation d'une espèce particulière de saisie, mais le nom collectif* et qu'ils ont voulu défendre par cela *tous les actes qui sauraient tomber sous cette dénomination soit aux termes du droit français, soit aux termes d'un système de droit étranger quelconque qui puisse être appliqué.*

Le défendeur ne saurait, de l'autre côté, prétendre que ce qui s'est passé concernant mes biens ne se heurte à aucune des notions particulières embrassées par le terme de « saisie », c'est-à-dire qu'il n'a nullement touché, ni à ma propriété, ni à ma possession, ni à la liberté de ma disposition.

Cela en soi-même décide la question, bien entendu, je crois que même la question du fond, mais tout au moins celle de la compétence, puisque toute question ultérieure, et notamment celle si l'acte de saisie se trouve légitimé ou non par le Traité, appartient évidemment au fond. *Pour la compétence suffit, c'est hors de tout doute, qu'il y ait « saisie », c'est-à-dire privation soit de propriété, soit même de possession ou de libre disposition et celà à quelque titre et par quelque moyen que ce soit.*

b) La « *liquidation* ». — Sans entrer à cet endroit dans une analyse approfondie de cette notion il faut noter quand même une chose : le mot « liquidation » dans le sens appliqué par le Traité *n'est pas un terme juridique désignant un procédé déterminé à l'exclusion de tout autre, mais une notion plutôt d'ordre économique indiquant un résultat pratique, c'est-à-dire l'enlèvement de la propriété au propriétaire.* Le simple fait que les dictionnaires et les autres ouvrages juridiques ne contiennent d'interprétation du terme « liquidation » (à part de la « liquidation » d'une société, etc., qui ne nous intéresse pas ici) démontre que cette expression n'est pas un terme technique du droit. *Nous invitons du reste le défendeur, très formellement, de nous donner la définition exacte de ce prétendu terme juridique de « liquidation ». Que le défendeur nous dise et démontre exactement du Traité de Trianon : quels sont les traits distinctifs de la notion de « liquidation » et plus précisément : quelle sorte d'enlèvement de la propriété se qualifie, et pourquoi, de « liquidation » et quelle sorte d'enlèvement ne saurait être qualifiée de liquidation et pourquoi pas?* Nous déclarons cependant d'avance que nous n'accepterons pas en qualité de définition de telles exclamations que celle en page 2, alinéa 2 de la réplique (1) portant : « Inutile de discourir davantage et chercher à l'infini la définition de cette mesure-là : *nous en sentons tous la nature et la portée* ». Aussi déclarons nous d'avance que nous refusons l'évasion qui émettrait en guise de « définition » des moments incontrôlables, comme par exemple, l'esprit par lequel la mesure fut inspirée (page 2, alinéa 1 de la réplique) (2) ou bien la circonstance

(1) Reproduit dans ce recueil à page 67, alinéa 9.
(2) Reproduit dans ce recueil à page 67, alinéa 8.

que la mesure frappe « l'ex-ennemi en tant qu'ex-ennemi » (également page 2, alinéa 1 de la réplique). Notons que ce n'est pas seulement un jeu de notions impalpables, mais encore que ce jeu est forcément sans issue lors des débats *sur la compétence*, puisque, évidemment, si cette question était décisive, elle ne pourrait l'être que pour le fond, et que pour statuer sur la compétence, il suffirait que le demandeur *eût prétendu* cette qualité hostile de la mesure.

Mais à part de cela : *nous demandons du défendeur qu'il définisse les traits objectifs qui, selon lui, revèlent une mesure du caractère de « liquidation », indépendamment de la qualité de la personne qu'elle frappe.* Sans cela pas moyen d'une définition logique.

Selon nous, telle définition est introuvable, puisque, nous le répétons, la notion de « liquidation » ne désigne nullement un procédé défini à l'exclusion de tout autre, mais *tout enlèvement de la propriété sans le consentement du propriétaire* sous des formes et même avec des résultats matériels les plus divers. Ainsi, par exemple, la « liquidation » s'opère pour la plupart, *mais pas nécessairement*, par le moyen de la mise en vente. Que la mise en vente, et précisément d'après la façon de voir du défendeur, ne constitue pas un élément essentiel de la liquidation, cela ressort du fait que le Gouvernement roumain, comme nous le savons, du procès Ungarische Erdgasaktiengesellschaft, s'est approprié, à titre de liquidation, à lui, Gouvernement roumain, les biens de ladite société *sans les mettre à vente.*

Il y a plus. Si l'on entendait la notion de « liquidation » comme désignant *un seul procédé déterminé* (nous demandons du reste réitérément : *lequel*?), à l'exclusion de tout autre procédé aboutissant au même résultat, et si l'on faisait recours à l'article 232, si cher au défendeur, on aboutirait au résultat que voici : Le § 3 de l'Annexe à l'article 232 contient dans son 2e alinéa une définition de l'expression « mesures de disposition » portant que ce sont celles qui affectent la propriété en en transférant tout ou partie à une autre personne et sans le consentement du propriétaire, définition qui se trouve complétée par l'énumération exemplificative que voici : « notamment les mesures ordonnant la vente, *la liquidation*, la dévolution de propriété des biens, etc... » Or, si l'on entendait le mot « liquidation » dans le sens d'un procédé déterminé de sorte qu'une « vente » ou même une « dévolution de propriété » ne saurait constituer une « liquidation », on arriverait à une interprétation de l'article 250 conformément à laquelle cet article défendrait le procédé nébuleux de « liquidation », *mais ne défendrait ni la « vente » de mes biens sans mon consentement, ni même la simple « dévolution de ma propriété »*. Il paraît vraiment inutile de lutter contre tel non sens.

Cela prouve à l'évidence que le terme de « liquidation » *désigne un procédé quelconque qui amène l'effet que ma propriété m'est enlevée sans mon consentement.* Le terme est tellement général et sans différentiation que l'on ne saurait, même englober dans la définition l'élément, très cardinal et indispensable s'il s'agissait d'un terme juridique défini, ayant trait à la hauteur de la contrevaleur et à l'emploi de cette contrevaleur.

Une lecture attentive de l'article 232 et de son Annexe doit convaincre du reste dans quelles diversités de sens le terme de « liquidation » se trouve employé dans ce même article et que, par cette raison en elle-même, le terme ne peut pas avoir un contenu précis et unique ou en d'autres mots qu'il n'est pas un terme d'ordre juridique, mais un terme dont le point de départ et perspective se trouve dans un certain *résultat pratique* et même cela avec des effets très différents pour le propriétaire évincé.

La lettre *b*) de l'article 232, permet de « liquider » les biens ennemis sur territoire originairement allié. De la lettre *h*), du même article, ressort que « le produit net des liquidations » est à effectuer de telle ou telle manière. Donc, apparemment, élément constitutif de la « liquidation » qu'il y doit avoir un « produit net ». Cela obligerait à entendre que toute liquidation se doit opérer par une vente. Pas de vente, pas de « liquidation ». Retournons pour un instant à l'article 250 et supposons qu'il n'y ait pas de vente mais un enlèvement sincèrement gratuit. Donc, d'après la façon de voir du défendeur, pas de « liquidation » et consécutivement pas de protection accordée par l'article 250. *Si donc le Gouvernement roumain décrétait que tout propriétaire doit lui abandonner 99 % de sa propriété en nature gratuitement, cela ne tomberait pas sous le coup de l'article* 250, puisque : pas de vente, pas de « produit net » et donc pas de « liquidation » aux termes de l'article 232, bien entendu, si cette notion exprimait à l'article 232, un procédé défini et unique.

De l'autre côté nous avons vu que justement le Gouvernement roumain a entendu dans l'affaire Ungarische Erdgasaktiengesellschaft opérer une « liquidation » sans mise en vente et il se peut bien que cela puisse être en accord avec l'article 232 puisque le 2e alinéa de sa lettre *b*) prévoit que « la liquidation aura lieu conformément aux lois de l'Etat allié ou associé intéressé ».

Continuons. On devrait croire que la notion de « liquidation » si elle désignait en effet une catégorie juridique définie doit montrer un aspect unitaire tout au moins dans ses conséquences pour le propriétaire évincé, dans le sens que ce propriétaire reçoit ou ne reçoit pas le produit de la « liquidation ». Loin de cela. Pas seulement que conformément à la lettre *h*), No 1 et 2, il y a des différences très essentielles quant à l'emploi de ce produit selon ce que le pays allié intéressé ait adopté ou non le système de compensation, mais encore si le pays allié est un nouvel Etat ou un Etat ne participant pas aux réparations à payer par la Hongrie, le produit de la liquidation, aux termes de la lettre *i*), de l'article 232, devra être versé directement au propriétaire et celui-ci a même le droit à une réclamation devant le T. A. M. si les conditions de la vente ont été injustement préjudiciables au prix.

Nous demandons est-ce qu'une expression qui désigne des procédés tellement différents en eux-mêmes et tellement différents dans leurs effets pour la personne frappée saurait être considérée comme une notion juridique et unitaire à laquelle on saurait attribuer la qualité de désigner une seule catégorie de procédés à l'exclusion de tout autre? Ou n'est-on pas obligé, plutôt, d'entendre qu'il ne s'agit pas d'une notion juridique distincte et exclusive, mais d'une dénomination d'ordre économique et pratique, applicable, si le seul trait qui est commun à tous les endroits où le Traité fait usage de cette expression, soit *l'enlèvement du bien contre la volonté du propriétaire*, se présente?

Et voilà une autre question encore qui se pose dans ce rapport. Est-ce que le défendeur oserait prétendre que la protection accordée aux Hongrois, bien entendu, par la raison que c'était anciennement leur pays dont il s'agit et leur domaine économique reconnu indispensable pour eux par le Traité et que ce sont leurs biens, leurs « garantis pour l'avenir », nous répétons, est-ce que le défendeur oserait prétendre que cette protection soit inférieure ou moins efficace que celle accordée par l'article 232, lettre *i*), et par les passages parallèles des autres traités de paix pour les biens hongrois, autrichiens ou même allemands se trouvant non pas sur un territoire anciennement propre à ces ressortissants, *mais sur certains territoires originairement ennemis*, comme par exemple les territoires englobés dans des pays ne participant pas aux réparations? Je ne crois pas que l'adversaire risquerait une telle prétention.

Or, tel ressortissant hongrois, autrichien ou allemand a le droit pour de tels biens :

1° De se voir payer le produit de la liquidation, et

2° De réclamer le complément de ce produit au cas où les conditions de la vente eussent été injustement préjudiciables en prix.

Mais pour fermer le cercle nous posons la question : Est-ce que, étant donné telle diversité dans la notion de « liquidation », est-il possible, sans entrer au fond, même d'examiner si une mesure, bien entendu nullement contestée par l'adversaire en matière de fait, constitue ou ne constitue pas une « liquidation »?

Ou, regardé de l'autre côté, est-ce que le fait non contesté de l'enlèvement, pratiquement gratuit, de toute ma fortune ne vaudrait-il même pas la peine que je sois entendu, et que l'on examine de près, s'il y a ou non « liquidation »?

On devrait croire à juste titre, après tout ce qui précède, que les expressions « saisie » et « liquidation » embrassent toute atteinte imaginable qui saurait être dirigée contre la propriété, non seulement, mais encore contre la possession. Cependant l'attitude déployée par les Etats successeurs dès le premier moment de leur entrée dans les territoires autrichiens et hongrois était telle, que la Conférence de Paix s'est vue amenée à compléter ces deux termes par toute une série d'autres expressions ; cela pour écarter tout doute possible quant à l'étendue de la défense au point de vue matériel d'une part, et du point de vue temporel de l'autre. C'est l'alinéa 2 de l'article 250 qui contient ce complément. Voyons donc ce qu'il prescrit ou plutôt défend :

c) « *Toute mesure de ce genre* », c'est-à-dire du genre mentionné à l'alinéa 1, à savoir de « saisie » ou « liquidation ». Nous avons vu que ces deux expressions sont en elles-mêmes des noms collectifs embrassant, si l'on envisage leur application par une autorité impartiale et de bonne foi, toute mesure imaginable atteignant la propriété ou la possession. Cependant, on a encore ajouté : « toute mesure de ce genre » pour éviter la possibilité qu'un pays successeur tachât à interpréter ces expressions dans un sens restreint. Est-ce que, en face de telle disposition du Traité on saurait, de bonne foi, soutenir, qu'il y est une mesure *quelconque* enlevant la propriété ou la possession, qui ne tomberait pas sous le coup de l'article 250?

d) Mais, invraisemblablement que ce soit, il y a encore plus, puisque l'alinéa 2 ajoute en outre qu'il est *défendu* : « *toute autre mesure de disposition, d'administration forcée ou de séquestre.* » On ne saurait coudre d'une façon plus forte. C'est en effet le maximum en précaution qu'un législateur puisse appliquer ; un maximum et pour l'apparence un superflu qui ne se conçoit que par l'expérience qui s'imposa à la Conférence de la Paix, notamment que les Etats successeurs se faisaient guider par un sentiment tellement hostile contre les races vaincues que le dicton « superflu chose très nécessaire » n'est paru que trop vrai en l'espèce. Rappelons que lors de la rédaction de ces passages, il n'était pas encore question de l'alinéa 3 de l'article 250, donnant expressément accès au T. A. M, qui ne fut introduit, en qualité de garantie ultérieure, qu'au Traité de Trianon et qui manque à l'article 267 du Traité de Saint-Germain.

Regardons donc, un peu de près, qu'est-ce qui est défendu par les mots cités sous *d*). Est défendu :

aa) « *Toute autre mesure de disposition* ». — La notion de « mesure de disposition » se trouve éclairée à l'alinéa 2, du § 3, de l'Annexe aux articles 232 et 233, qui porte :

« Les *mesures de disposition* sont celles qui ont affecté ou affecteront la propriété des biens ennemis en en transférant tout ou partie à une autre personne que le propriétaire ennemi et sans son consentement, notamment les mesures ordonnant la vente, la liquidation, la dévolution de propriété des biens ennemis, l'annulation des titres ou valeurs mobilières ».

L'essentiel de la définition y contenue est « *l'affectation de la propriété, sans le consentement du propriétaire* ». Le reste, introduit par le mot « notamment » n'est qu'exemplificatif : « la vente, la liquidation, la dévolution de propriété, etc. » Nous demandons : est-ce qu'il n'y a pas « affectation de la propriété » puisque le défendeur reconnaît que mes biens me furent enlevés et cela sans mon consentement? Mais est-ce qu'il n'y a en même temps « vente » et ne parlant pas de liquidation, « dévolution de ma propriété » puisque la soi-disant réforme agraire consiste précisément en le transfert de la propriété des propriétaires évincés à de tierces personnes, paysans ou non.

bb) « *Mesure de séquestre* ». — Est-ce que le Gouvernement roumain saurait nier qu'il a sequestré mes biens?

Qu'on ne nous oppose pas que les expressions analysées sous *c*) et *d*) se trouvent non pas à l'alinéa 1, mais à l'alinéa 2 de l'article 250, qui s'occupe de l'espace de temps écoulé depuis le 3 novembre 1918 jusqu'à la mise en vigueur du Traité. Tout d'abord nous avons vu que les expressions contenues à l'alinéa 1 : « saisie » et « liquidation » embrassent toutes les mesures imaginables qui affectent la propriété ou même la possession, de sorte que l'alinéa 2 n'en donne qu'une interprétation. De l'autre côté nous avons vu que le défendeur a abandonné dans sa réplique sa prétention primitive qui voulait construire une différence dans la situation de droit entre ces mesures prises avant et après la mise en vigueur du Traité. Il serait du reste sans la moindre apparence de sériosité si le défendeur voulait faire croire que le Traité ait voulu permettre un enlèvement à partir du 27 juillet 1921, qu'il a défendu jusqu'au 26 juillet 1921 et que les auteurs du Traité aient qualifié telle situation comme « garantie pour l'avenir » !

Et, toujours sans entrer dans le fond du litige, nous nous permettons de demander si *l'enlèvement non contesté* de mes biens, enlèvement qui fut opéré, cela encore sans un mot de contestation de la part du défendeur, contre un paiement ou plus précisément contre la promesse du paiement *de moins d'un pour cent de la valeur réelle*, nous répétons, nous demandons si tel enlèvement ne constitue :

1) *Ni une « saisie »* dans aucune acception de cette large expression collective démontrée sous *a*)?

2) *Ni une « liquidation »* expression qui, comme nous l'avons démontré sous *b*) n'est autre chose qu'un synonyme de la notion d'« enlèvement »? (de sorte que la prétention que l'enlèvement opéré par le Gouvernement roumain ne constituât pas de « liquidation » équivaudrait au non-sens logique que de contester que cet enlèvement reconnu fut un enlèvement).

3) *Ni une « autre mesure de ce genre »*?

4) *Ni une « mesure de disposition »*, dont une mesure qui ait affecté ma propriété?

5) *Ni même « une mesure de séquestre »*?

Et encore une remarque et peut-être la remarque principale au point de vue de l'état de cause où nous nous trouvons. Supposons, quoique moi demandeur le conteste hautement, que le défendeur eût été justifié à opérer l'enlèvement en question par des raisons quelconques d'ordre politique qui, à part soit dit, ne pèsent pas dans la balance du juge, ou d'ordre juridique dont il n'a jusqu'à ce moment, soufflé mot. Est-ce que cela rentre dans le cercle des réflexions qui décident *la question de la compétence*, nous répétons : *la seule* question qui nous intéresse actuellement?

Qu'est-ce qu'il faut pour fonder la compétence d'un tribunal quelconque? Il faut que le demandeur prétende des faits, qui — nous citons l'autorité de la Cour permanente de justice internationale, voir son Recueil des avis consultatifs, série B, N° 4, page 26, alinéa 1 — « *sont de nature à permettre la conclusion provisoire qu'ils peuvent avoir une importance juridique pour le différend* ».

Lors du déclinatoire il ne s'agit *que d'une possibilité, une constatation provisoire et sans préjudice de ce que les faits dont se plaint le demandeur puissent être tels qu'ils constituent une infraction à une forme juridique en l'espèce au Traité de Trianon.*

Dès que cette *possibilité* se présente, le juge *doit* entrer dans le fond. Tout autre maintien équivaudrait à un *déni de justice*. Or, étant donné le sens large des expressions contenues à l'article 250 ; étant donné qu'il y a au moins lieu pour des discussions de grande envergure concernant le sens et le contenu de ces expressions ; étant donné qu'on m'a enlevé, à moi, et à des milliers de mes compatriotes, *notre fortune entière* et cela pratiquement *sans aucun dédommagement*, est-ce que, étant tout cela, la conscience du juge pourrait être tranquille en prononçant qu'il n'existe *même pas de possibilité* que cela constituât soit une saisie, soit une liquidation, soit une mesure quelconque de ce genre, soit une mesure de disposition, soit une mesure d'administration forcée, soit une mesure de séquestre, et en prononçant tout cela *sans avoir examiné ou même regardé le fond?*

Cela serait, en effet, une caricature de jurisprudence et de juridiction, et je suis absolument sûr et certain que ce haut Tribunal est loin de se prêter à pareille chose.

Du reste, nous soulevons encore une question : Quel est le risque si le Tribunal entre dans l'examen du fond d'une part et quel est le risque s'il refuse de le faire?

S'il y entre, cela ne peut amener aucun tort à personne. Il va examiner de près, et les notions contenues au Traité, et les faits exposés des deux parties. Si son examen, soit du Traité, soit des faits, l'amène à la conviction que la réclamation du demandeur n'est pas fondée, soit en droit, soit en fait, il va renvoyer le demandeur et le condamnera à payer les frais.

Par contre, au cas contraire, voilà la situation qui se présenterait :

Dans les pays successeurs et surtout en Roumanie, on a enlevé la propriété foncière presque entièrement et contre une promesse de compensation qui est pire qu'une farce, à tous les propriétaires hongrois. Le peuple hongrois dans sa totalité est persuadé que c'est diamétralement opposé aux promesses à lui faites et aux garanties à lui accordées par le Traité. On y voit une campagne d'anéantissement national, une spoliation qui rappelle simplement le *vae victis* des temps barbares. Centaines et centaines de familles, ayant vécu depuis des siècles sur la glèbe de leurs ancêtres, petits propriétaires, propriétaires moyens et presque tous les membres des classes supérieures de la Transylvanie, se voyaient réduits à une misère absolue, à la mendicité dans l'acception littérale du mot. Ces gens, pour une grande partie, chassés non seulement de leur terre, mais encore du pays même, par les autorités roumaines, affluent dans la Hongrie et surtout dans la capitale et voilà le levain qui ne permet pas que l'effervescence produite par la guerre, des révolutions, et le Traité de Trianon, s'apaisent et que les âmes se tranquillisent. Voilà la raison des phénomènes dont on prend connaissance sans pouvoir les comprendre, des menées insensées, tout cela provenant d'un sourd désespoir et du sentiment que les vainqueurs ne se contentant pas de nous imposer un Traité qui enlève au pays deux tiers de son territoire, ne respectent même pas les piètres droits que ce même traité accorde à la propriété particulière.

Le seul espoir de ces gens réduits à la misère et avec eux de toute la Hongrie, ce sont les Tribunaux arbitraux mistes, dont la juridiction pour la matière nous fut accordée pour soustraire des droits, nous garantis par le traité, à l'arbitraire des autorités hostiles et pour les soumettre à des juges impartiaux et éclairés.

Toute la Hongrie est convaincue que nous aurons gain de cause. Si, par malheur, les hauts Tribunaux arbitraux mixtes jugeaient autrement, ayant trouvé que le Traité ne contient pas la protection que nous y voyons, cela serait, certes, une déception profonde, mais à supporter fatalement, pourvu qu'on eu vu que tel jugement s'est basé sur un examen consciencieux et approfondi du Traité et des faits. Si, par contre, les Tribunaux arbitraux mixtes, refusaient même d'entrer dans l'examen approfondi de la question, tout le monde en Hongrie aura l'impression d'être éludé par des ruses insidieuses, toute confiance en la justice serait dissipée et la vague croissante d'amertume empêchera même l'espoir de tranquillité et de repos dans cette partie de l'Europe.

Je voudrais que MM. les Présidents des hauts Tribunaux mixtes aillent sur place voir la situation telle qu'elle s'est produite, puisque de cette façon ils verraient qu'il n'y a pas la moindre exagération dans ce que je viens d'exposer.

A part des raisons juridiques qui imposent d'entrer au fond, des raisons d'ordre politique et humain militent donc vigoureusement dans le même sens. Pas de tort, pas de risque pour personne en statuant la compétence, désespoir, révolte des âmes, éclipse de toute confiance dans la justice en la refusant.

IV

La réplique se plait dans une juxtaposition de la situation découlant du Traité, des biens hongrois en territoire transféré d'une part et de la situation des biens alliés en territoire ex-ennemi d'autre part.

Le défendeur prétend d'abord que de posséder des biens en territoire ex-ennemi soit un « privilège » pour les alliés puisque, d'une façon générale, des biens des ex-ennemis en territoire allié ont été liquidés par les Traités.

Le défendeur semble oublier que c'est justement cette « façon générale » qui se trouve écartée pour les territoires transférés concernant les biens hongrois. Si donc la situation de ne pas être privé de sa fortune constitue selon le défendeur un « privilège », ce privilège nous revient, à nous Hongrois, également pour nos biens en territoire transféré. Et encore nous revient-il, ce privilège dans les conditions spéciales fixées par l'article 250, privilège, si l'on veut, plus étendu que celui des alliés en territoires qui leur furent toujours étrangers, ce qui se conçoit d'ailleurs très bien par le fait que les territoires transférés étaient les nôtres et nourrissaient depuis mille ans les racines de notre vie économique.

C'est pourquoi la juxtaposition de la situation des biens alliés en pays ex-ennemis et des biens hongrois en territoires transférés ne sert à rien et ne prouve rien. Il n'est pas seulement possible, mais encore très concevable que dans ces circonstances on ait accordé un avantage aux biens hongrois en territoires transférés qui ne fut pas accordé aux biens alliés en territoires ex-ennemis. Il est donc inadmissible d'argumenter lors de l'interprétation des clauses visant les biens hongrois en territoires transférés de sorte que telle ou telle disposition ne peut être contenue dans ces clauses, parce qu'elle n'est pas contenue dans les autres clauses du traité visant des biens alliés en pays ex-ennemi.

Le défendeur par cette partie de sa réplique veut évidemment aboutir à la thèse que ce n'est qu'une mesure différentielle qui saurait être défendue par l'article 250, puisque, à ses dires, les biens des alliés en pays ex-ennemis ne jouissent que d'une protection contre un traitement différentiel. Nous avons vu que cela ne serait pas soutenable, même si le Traité n'accordait aux biens alliés en pays ex-ennemi que cette protection relative. Par surcroît, cette dernière prétention est fausse en elle-même. La réplique cite les articles 211, 255 et 233. L'article 211 n'a aucun rapport avec notre question puisqu'il traite dans sa partie citée par la réplique la matière des impôts, et en cette matière, évidemment, le traitement égal avec celui appliqué aux nationaux est le maximum en faveur. L'article 255 règle une question spéciale, notamment les affaires des compagnies d'assurances qui ont leur siège en territoire antérieurement hongrois. (Notons chemin faisant que la réplique se plait ici comme à d'autres endroits également de parler de la Transylvanie comme de territoire « récupéré » par la Roumanie, ce qui est un peu arbitraire, étant, que la Roumanie, en qualité de pays indépendant, n'existe que depuis le congrès de Berlin, et de l'autre côté, la Transylvanie était liée à la Hongrie depuis des siècles.)

Cet article 255 prévoit que ces compagnies d'assurances devenues roumaines pourraient, pendant une période de dix ans, après la mise en vigueur du Traité, continuer l'exercice de leur industrie dans le territoire hongrois. Vrai que l'article prévoit que « aucune mesure ne pourra porter atteinte à leur propriété qui ne soit pas appliquée également aux biens des compagnies d'assurances nationales ». Mais la réplique se sert à cet endroit d'un procédé assez particulier en la matière de l'article de citation, comme du reste, nous le verrons, pour l'article 233 également. Elle fait disparaître notamment la dernière partie de phrase de l'alinéa 2, portant : « *des indemnités convenables seront payées dans le cas où de semblables mesures seraient prises* », bien entendu, cela non seulement pour le cas des mesures différentielles, mais au cas de toutes les mesures mêmes non différentielles portant atteinte à la propriété. Cette manière de citation s'accentue encore lors de l'article 233. Vrai, que cet article dispose entre autres que la Hongrie ne soumettra les biens alliés à aucune mesure portant atteinte à la propriété qui ne soit pas appliquée également aux biens des ressortissants hongrois. Mais la réplique met ici un point qui n'existe pas dans le Traité, et se plaît *à dissimuler la suite de la phrase* qui porte : « *et à payer des indemnités convenables dans le cas où ces mesures seraient prises.* »

La réplique se hasarde, quelques lignes avant cette citation, à l'accusation que mon interprétation donnée à l'article 250, interprétation qui peut être juste ou fausse, mais qui, en tout cas, ne se sert pas de textes faux ou mutilés, soit « de la mauvaise foi ». Il est très caractéristique pour la valeur des contre-arguments y afférents de la réplique, si nous lisons page 2, alinéa 2 (1), comme le sommet de l'interprétation de la notion de «saisie» ou «liquidation» le passage déjà cité plus haut : « Inutile de discourir davantage et de chercher à l'infini la définition de cette mesure là ; nous en sentons tous la nature et la portée ». Nous avouons que cette méthode « sentimentale » de l'interprétation d'un texte de loi est tout à fait nouvelle, mais pas très impressionnante.

Mais pour revenir à la méthode de citation de la réplique, ne croit-il pas, mon très honoré contradicteur, *que la façon de supprimer dans un texte cité la partie essentielle, saurait être qualifiée avec plus de justesse comme procédé de mauvaise foi?*

En tout cas, il est démontré que les biens alliés en territoire ex-ennemi ne sont pas protégés purement et uniquement contre les mesures *différentielles*, mais également, et cela aussi pour le cas d'une mesure non différentielle, *contre l'enlèvement sans paiement d'une indemnité convenable.*

Est-ce que le défendeur estime qu'une contrevaleur qui n'atteint guère 1 % (un pour cent ! !) de la valeur, soit une indemnité convenable? J'en doute.

A quoi bon donc toutes ces excursions que se paie mon adversaire, excursion qui ne prouverait rien, même si le récit de voyage était exact?

Je maintiens donc les conclusions de ma réponse.

Pour le demandeur :

(Signé) Aurèle d'EGRY,

Conseiller aulique, avocat.

(1) Reproduit dans ce recueil à page 67, alinéa 9.

VI

MÉMOIRE ADDITIONNEL

du Gouvernement roumain

Paris, le 23 Novembre 1926.

Monsieur le Président du Tribunal Arbitral Mixte Roumano-Hongrois.

Monsieur le Président,

A la nouvelle lecture de ma réplique en date du ...., j'ai constaté que, à la page 2, ligne 27 (1), par une erreur de frappe de machine, ont été omis les mots :

« Et cela d'autant plus que le plaignant lui-même, en utilisant les voies de la juridiction « roumaine, a reconnu lui-même — et par là il est définitivement établi — que la mesure « dont il se plaint n'est pas celle qui est prévue par l'art. 250 ».

En conséquence, j'ai l'honneur de prier le Tribunal de bien vouloir ajouter au texte de la réplique les mots ci-dessus.

Veuillez agréer, Monsieur le Président, l'assurance de ma haute considération.

Agent du Gouvernement Roumain,
(Signé) Jean POPESCO-PION.

(1) Reproduit dans ce recueil à page 67, ligne 41.

SOMMAIRE

Pages

Paris. — Imp. Desfossés, 13, Quai Voltaire. — 93606.

www.ingramcontent.com/pod-product-compliance
Ingram Content Group UK Ltd.
Pitfield, Milton Keynes, MK11 3LW, UK
UKHW021553260726
13993UKWH00002B/804

9 782329 181226